Bruges et Gand

Berlitz Publishing Company, Inc.
Princeton   Mexico City   Dublin   Eschborn   Singapour

SOMMAIRE

- Un (☞ dans la marge indique un site ou monument que nous vous recommandons tout particulièrement

Bruges et Gand

BRUGES, GAND
ET LES BELGES

Le territoire aujourd'hui connu sous le nom de Belgique a été la proie de convoitises et de batailles pendant des milliers d'années. Le touriste peut encore entendre l'écho des armées qui ont combattu et péri sur le sol de la Flandre. Cette nation où se sont jadis entrecroisées des forces étrangères est à présent traversée par des millions de visiteurs qui, pour la plupart, se rendent en vacances dans une autre partie de l'Europe. Mais de plus en plus de voyageurs connaissent le secret de la Belgique et font une halte pour découvrir deux des plus grands trésors du pays: Bruges et Gand.

Qu'est-ce qui rend donc ces villes uniques? Pour commencer, la fière histoire de Bruges et de Gand est inscrite dans toutes les rues, sur tous les édifices, et transparaît dans leur art et leur culture. Bruges est à juste titre renommée pour sa grande beauté, et c'est l'une des villes les plus uniformément pittoresques qu'il vous sera donné de visiter. Gand abrite des quartiers d'un grand intérêt historique et artistique mais donne également l'impression d'être une ville très active, toujours occupée à faire mille choses. De plus, Bruges et Gand s'inscrivent dans un périmètre relativement restreint, ce qui permet aux visiteurs de les parcourir à pied, à bicyclette, ou même depuis les canaux. Bref, c'est un plaisir que de flâner dans ces deux villes en admirant chaque lieu, tout en sachant qu'un autre centre d'intérêt se trouve à proximité, au détour du chemin.

L'eau est un élément important du paysage et de l'économie de ces villes. Des canaux relient Bruges et Gand entre elles, ainsi qu'à la côte et aux grands centres industriels du pays; le vaste réseau de canaux belges transporte plus de marchandises que le système ferroviaire. Dans les deux

De leurs vitrines parfaitement agencées, les chocolats maison tentent le promeneur.

villes, une croisière sur les canaux est une expérience à ne pas manquer; c'est une superbe façon de découvrir les splendeurs de ces cités. Les routes et les chemins qui longent les voies navigables sont propices à la marche et à la bicyclette, si bien que vous n'aurez pas besoin de voiture.

La Belgique est un pays compact (moins de 325 km en son point le plus large) et rien n'est jamais bien loin. La plupart des autres sites dignes d'intérêt qui figurent dans ce guide ne sont qu'à quelques kilomètres de Bruges ou de Gand (elles-mêmes distantes d'une demi-heure en train) et les plus éloignés sont facilement accessibles grâce à un excellent réseau de chemin de fer (c'est en Belgique que fut lancé, en 1835, le premier train d'Europe continentale).

Cependant, ce sont les gens qui créent une ville. Bruges abrite environ 115 000 habitants et Gand en compte un peu plus de 210 000. La majorité de la population est de confession catholique romaine. La cohésion communautaire, que ce soit dans le travail ou dans la détente, est une vertu belge. Les traditions et la vie de famille sont importantes et l'on prend son travail et ses loisirs très au sérieux, ce qui explique pourquoi le pays produit plus de 750 bières. Mais les Belges sont aussi de grands amateurs de musées. Dans leur vie quotidienne, ils aiment collectionner et garder des traces de ce qui leur passe entre les mains. Avec leurs superbes galeries d'art et leurs musées, Bruges et Gand ne dérogent pas à l'idiosyncrasie nationale. Toutes deux proposent également un grand nombre de festivités (voir p.88), dont la procession du Saint-Sang à Bruges et les superbes Floralies à Gand.

En Belgique, la bonne chère et le bon vin donnent lieu à diverses réjouissances et sont un des grands plaisirs de la vie. La cuisine belge est célèbre dans le monde entier pour sa qualité et sa quantité (vous serez toujours rassasié en Belgique) et Bruges et Gand abritent nombre d'excellents restau-

Un plaisir unique: faire une promenade en carriole en étant bercé par le son des sabots sur les pavés.

rants. Les frites belges sont toutefois indissociables des repas quotidiens et vous en aurez partout. Egalement omniprésents, les délicieux chocolats belges ornent les vitrines et vous mettent l'eau à la bouche.

Les Belges sont très fiers de leurs succès et de leur histoire. Toutes les villes, et notamment Bruges et Gand, ont joué un grand rôle dans l'évolution de la région. Avant la fondation de l'Etat belge, en 1830, chacune d'elles était quasiment une cité-Etat autonome, et la question de la nationalité reste un vaste sujet de discussion en Belgique. Bruges et Gand se trouvent au nord de la Flandre, où l'on parle le flamand, mais une grande partie du pays est habitée par des Wallons francophones (il existe aussi une petite région à dominance germanophone). Le mélange culturel et linguistique se voit plus chez les habitants multilingues des villes: presque tous maîtrisent bien le français et l'anglais.

Bruges et Gand ne négligent pas leurs visiteurs. Les offices du tourisme sont compétents et accueillants. Dans les cafés, les bars, les hôtels et les restaurants, vous serez servi avec courtoisie, humour et patience. Que vous restiez un week-end ou que vous y fassiez simplement escale, Bruges et Gand vous récompenseront par leur beauté, leur histoire et un accueil des plus chaleureux.

Repos bien mérité pour l'un des infatigables et serviables garçons de Bruges.

UN PEU D'HISTOIRE

Si la Belgique n'est devenue une entité qu'en 1830, Bruges et Gand peuvent revendiquer une longue et remarquable histoire. Les Belges (un peuple d'origine celte) et autres tribus habitaient déjà la région au néolithique. En 51 av. J.-C., date de la première d'une longue série d'occupations que devait subir le territoire au cours des siècles, les Belges furent conquis par les Romains de Jules César. César raconta cet épisode dans ses *Commentaires de la guerre des Gaules* (nom de la région à cette époque). C'est à peu près à cette période que fut créé le camp qui allait devenir Gand.

Le royaume des Francs

Au début du Ve siècle, la décadence de l'Empire romain aboutit au retrait romain de la Gaule, dont une grande partie succomba aux ambitions des Francs, qui vivaient dans la région depuis deux siècles. Ils avaient établi leur royaume mérovingien autour de Tournai, dans le Sud; le Nord et l'Est étaient divisés entre Frisons, Francs et Saxons.

La conversion de Clovis, roi des Francs, au christianisme, en 498, conduisit peu à peu à la propagation de la nouvelle foi vers le nord, jusqu'à ce que la région devînt chrétienne. Gand fut l'un des derniers bastions du paganisme en Gaule. Le village s'agrandit au VIIe siècle, quand saint Amand y fonda deux abbayes, non sans avoir auparavant été jeté à l'eau par de fervents païens gantois. La première mention de Bruges remonte aussi au VIIe siècle, mais on en sait peu sur les origines de la ville, si ce n'est que son nom lui vient probablement des Vikings.

L'unité politique succéda à l'unité religieuse quand Charlemagne, roi des Francs, créa un royaume unifié en 768. Utilisant des moyens militaires et diplomatiques, il fonda un

Une bannière de la corporation des tailleurs, qui fut une force politique importante.

grand empire européen, qui vit son apogée en l'an 800 lorsque le pape couronna Charlemagne premier empereur de l'empire d'Occident. Mais à sa mort en 814, l'empire fut divisé entre ses trois petits-fils. Le partage laissa une bande de terre, les Pays-Bas (comprenant le Luxembourg, la Belgique et les Pays-Bas actuels), prise entre des nations germanophones et francophones. Cette situation allait déterminer la destinée bilingue, et souvent sanglante, de la Belgique jusqu'à la Seconde Guerre mondiale et après.

L'âge d'or de Bruges et de Gand

La région revint à une succession de rois allemands et français, mais le vrai pouvoir était entre les mains des nobles locaux, qui faisaient tout leur possible pour affaiblir la mainmise féodale des royaumes français et allemands. Certains seigneurs étaient plus riches que leurs maîtres et attribuaient aux villes des chartes de droits autonomes en échange d'impôts et d'aide militaire. Au cours du IXe siècle, Baudouin Ier (dit Bras de Fer) choisit Bruges pour se faire construire un château, d'où il mena une politique expansionniste agressive dans le but d'instaurer la principauté de Flandre. Le premier château des Comtes de Gand date de la fin du Xe siècle. Au XIe siècle, la Flandre passa aux mains de Robert Ier le Frison, qui prit Bruges pour capitale.

Malgré d'incessantes luttes pour le pouvoir, les cités drapières de Flandre connurent un bel essor au cours des XIIᵉ et XIIIᵉ siècles. Gand devint la plus grande ville d'Europe occidentale tandis que Bruges, le plus grand marché d'Europe septentrionale, commerçait avec le reste de l'Europe, le Moyen-Orient et l'Orient. Les grandes banques installèrent leurs sièges à Bruges, les ambassades s'y abritèrent et la première Bourse d'Europe y ouvrit ses portes. La laine tenait un rôle primordial dans l'économie; ainsi, Bruges, Gand et Ypres (*Ieper*) prospéraient grâce à leurs exportations de drap, industrie qui dépendait de la laine brute d'Angleterre. Bruges avait le monopole du commerce de la laine et prit la tête de la ligue hanséatique, une alliance économique entre les villes commerçant avec l'Angleterre. Au cours de la «Joyeuse Entrée» dans Bruges, en 1301, la reine Jeanne de Navarre fut émerveillée par les vêtements des citoyens: «Je pensais être la seule reine, mais il y en a des centaines autour de moi!» Bruges était prospère et atteignit son apogée au début du XIVᵉ siècle.

Cependant, à mesure que les XIIIᵉ et XIVᵉ siècles s'écoulaient, la tension entre les marchands drapiers «capitalistes», qui avaient toutes les raisons de garder de bonnes relations avec le roi d'Angleterre (car il contrôlait les envois de laine), et leurs seigneurs, qui soutenaient le roi de France, déclencha des hostilités au sein des cités drapières de Flandre. Le conflit le plus célèbre porte le nom de Matines brugeoises: le roi de France, Philippe le Bel, avait envahi la Flandre et désigné un gouverneur qui allait vite se rendre impopulaire. Ses mesures – nouveaux impôts, suppression des corporations de Bruges – furent si mal acceptées que, la nuit du 17 au 18 mai 1302, la ville se révolta, conduite par Pieter de Coninck et Jan Breydel. Les rebelles tuèrent tous ceux qu'ils pensaient être français. La même année, les Français furent battus par les Flamands lors de la bataille des Eperons d'or, près de Courtrai (*Kor-*

trijk); puis Gand devint un autre centre de révolte. Depuis la fin du Xe siècle, cette ville était dirigée par un conseil qui suivait le roi de France, ce qui exaspérait les corporations; en 1337, un marchand de laine, Jacob Van Artevelde, mena les habitants de la cité et des autres villes flamandes à la révolte. Gand vécut sous son joug jusqu'à son assassinat en 1345.

En 1384, la région fut rattachée au royaume de Bourgogne. Philippe le Bon devint comte de Flandre en 1419 et introduisit une nouvelle législation. Il administra ses possessions de Bourgogne depuis Bruges, où il apporta son soutien à des artistes tels Memling et Van Eyck, et la splendeur de la cour acquit une belle renommée. L'arrivée à Bruges de la fiancée de Philippe, Isabelle de Portugal, en 1429, fut l'occasion d'un somptueux étalage de richesses.

Gand fut aussi contrôlée par la Bourgogne et résista aux tentatives de suppression des corporations. En juillet 1453, plusieurs milliers de Gantois périrent lors de la bataille de

Gavère et les dignitaires de la ville implorèrent leur pardon. Charles le Téméraire succéda à Philippe le Bon et épousa Marguerite d'York à Bruges au cours d'une fête somptueuse; selon la légende, le vin coulait à flots des fontaines. Mais la splendeur du règne de Charles ne dura pas; sa mort déclencha une autre invasion française dans

Le peintre Hans Memling surveille la place qui porte son nom.

le sud du royaume de Bourgogne. Les habitants de la Flandre saisirent l'opportunité pour kidnapper Marie, la fille de Charles, et la forcèrent à renouveler leurs droits civiques (tronqués par Philippe) dans une charte avant d'accepter de combattre les Français.

Les Habsbourg

Maximilien d'Autriche épousa Marie et assuma le contrôle de la région après sa mort, en 1482. Ainsi commença l'ère des Habsbourg. Les bourgeois de Bruges eurent l'audace de garder Maximilien prisonnier en 1488, exigeant de nouveaux compromis sur le respect de leurs droits, mais celui-ci manqua à sa parole à sa libération. Son petit-fils Charles Quint, né à Gand en 1500, continua de favoriser Anvers au détriment des villes drapières de Flandre, et ce malgré la grande réception que lui réserva Bruges en 1520. Cette politique accentua le déclin économique de Gand et de Bruges: outre leur antagonisme réciproque, elles devaient faire face à une féroce compétition de la part des manufactures de tissu anglaises. L'ensablement du Zwijn donna l'estocade à Bruges, la coupant de la mer et mettant fin à son commerce international. Bruges ne s'éveillerait enfin de son sommeil économique qu'au XIXe siècle.

La Réforme

La Réforme ne pouvait que recevoir un accueil très favorable chez les marchands et le peuple de Flandre: elle mettait l'accent sur le droit des individus à lire et interpréter par eux-mêmes la parole de Dieu, grâce à l'invention de l'imprimerie, et remettait en question le pouvoir du clergé à diffuser une vision du monde contrôlée par une alliance entre l'Eglise et l'Etat. Avec Calvin et Luther, la demande de réforme se changea en révolte ouverte, qui déboucha sur la mise en place d'Eglises alternatives: c'était l'arrivée du protestantisme. Les Pays-Bas furent très réceptifs à ces nouvelles idées, particulièrement les riches marchands, qui étaient irrités par la forte hiérarchie sociale, et les corporations d'artisans, qui éprouvaient du ressentiment envers l'autorité royale. Après l'abdication de Charles Quint en 1555, les Pays-Bas passèrent aux mains de son fils, le très catholique Philippe II d'Espagne, et un sanglant conflit s'ensuivit.

Philippe et sa sœur Marguerite réprimèrent sévèrement le protestantisme pour réinstaurer l'autorité de l'Eglise catholique. En 1565, une mauvaise récolte provoqua une famine et déclencha les émeutes iconoclastes; les ouvriers se ruèrent dans les églises catholiques, saccageant tout. Effrayée, la noblesse prit parti pour Marguerite et Philippe et, en 1567, celui-ci envoya ses troupes aux Pays-Bas. En 1576, fut signé le traité de Pacification de Gand, qui forçait Philippe à céder 17 provinces. La guerre entre les Espagnols et les Néerlandais protestants, conduits par Guillaume le Taciturne, devait provoquer en 1579 la scission des Pays-Bas: les protestants du Nord obtinrent l'indépendance tandis que les catholiques du Sud s'allièrent aux Espagnols. Cette partition correspond plus ou moins à la frontière actuelle entre la Belgique et les Pays-Bas.

La guerre de succession d'Espagne

En Espagne, la dynastie des Habsbourg s'éteignit en 1700 lorsque Charles II mourut sans héritier. Charles avait désigné comme successeur Philippe V d'Anjou, mais un Habsbourg, Léopold II d'Autriche, avait une autre idée. Il ne pouvait accepter qu'un petit-fils du roi de France régnât sur l'Espagne, unissant les deux royaumes sous la même dynastie, et était prêt à sacrifier son armée entière pour l'en empêcher. Il s'engagea dans une guerre qui allait durer de 1701 à 1714. Le traité qui mit fin à cette guerre vit passer les Pays-Bas méridionaux et la Belgique, sous domination espagnole, à l'Autriche. Ces territoires furent placés sous le contrôle de Marie-Thérèse d'Autriche, période durant laquelle la Belgique prospéra. L'architecture, la dentellerie et les arts s'épanouirent, et l'industrie du coton apporta à la ville de Gand une renaissance économique. Mais ces richesses profitaient à l'aristocratie et aux marchands, tandis que la majorité du peuple vivotait.

A la mort de Marie-Thérèse en 1780, son fils Joseph II monta sur le trône. Bien qu'il se prît pour un souverain radical et qu'il mît en place des réformes laïques et en avance sur l'époque, son despotisme éclairé déclencha un ressentiment général. Des révoltes sporadiques eurent lieu à partir de 1788 et en 1790, la république des Etats belgiques unis fut proclamée, puis reconnue à la fois par la Grande-Bretagne et les Pays-Bas.

Mais la jeune nation fut vaincue un an plus tard par les forces du nouvel empereur autrichien Léopold II.

Les gisants des splendides mausolées de Charles et Marie de Bourgogne.

L'invasion française et l'indépendance

Bien qu'ayant reçu l'aide d'un contingent belge en 1792 dans sa lutte contre les Autrichiens, l'armée révolutionnaire française envahit la Belgique et les Pays-Bas deux ans plus tard. La Belgique tira de nombreux bénéfices de ces 20 années d'occupation. Suivant le modèle français, le pays fut divisé en départements et le système absolutiste fut supprimé. L'industrialisation du pays fut vite subventionnée et la France devint le principal marché des manufactures belges.

Quels qu'en soient les avantages, aucun pays n'aime être contrôlé par un autre. Des rébellions éclatèrent dès 1798 et, après la défaite de Napoléon à Waterloo en 1815, le congrès de Vienne perpétua la dépendance de la Belgique, en donnant le contrôle à la maison néerlandaise d'Orange. Ce ne fut qu'après la révolution de 1830 qu'un Etat belge libre fut créé. En 1831, la conférence de Londres reconnut l'indépendance de la Belgique et donna au pays le statut de monarchie constitutionnelle dirigée par le roi Léopold Ier.

Luttes suprêmes

Durant le XIXe siècle, la Belgique se modernisa et plongea dans la révolution industrielle. En 1907, un canal nouvellement achevé reliait de nouveau Bruges à la mer et des usines s'y installèrent. Petit à petit, les voyageurs britanniques qui se rendaient à Waterloo redécouvrirent la ville, tandis que Gand devenait un important centre économique. Toutefois, les tensions entre les différents groupes linguistiques du nouveau pays se firent de plus en plus nettes à mesure que les difficultés sociales augmentaient. Au cours du XIXe siècle, les conditions de vie des ouvriers étaient épouvantables et une famine ravagea la Flandre de 1845 à 1848. A l'époque où Bruges devint la capitale de la Flandre, la moitié de sa population dépendait de la

Repères historiques

charité. Recherchant un bouc émissaire, le Nord à dominance flamande (et de plus en plus prospère) fit campagne afin de devenir indépendant de la Wallonie (le Sud) francophone.

Plutôt que de s'occuper des problèmes de son pays, le nouveau roi de Belgique, Léopold II (1865-1909), consacra son temps à ses intérêts privés, et à sa propriété personnelle, le Congo belge, qu'il légua à son pays en 1908. Albert Ier, le neveu de Léopold II, succéda à son oncle en 1909. Son règne fut ébranlé par la Première Guerre mondiale, qui empoigna le pays pendant quatre ans. En 1914, l'Allemagne envahit la Belgique en dépit de sa neutralité, forçant le roi à se retirer dans une étroite bande de terre libre. Sa longue résistance face aux envahisseurs lui valut une reconnaissance internationale. Le front nord traversa grossièrement le pays en diagonale; les batailles les plus tristement célèbres et les plus sanglantes eurent lieu à Ypres, dans le sud de la Flandre. Après la défaite allemande, la Belgique reçut en réparation une somme considérable, ainsi que de nouveaux territoires.

On aurait pu penser que la guerre unirait la nation belge, d'autant que le roi Albert Ier avait proclamé une série de réformes afin d'améliorer l'égalité entre les Flamands et les Wallons. Cependant, le poison fasciste avait fait son œuvre dans les deux communautés, qui devinrent de plus en plus hostiles l'une envers l'autre. En 1940, l'Allema-

Les tombes innombrables d'un cimetière militaire.

gne nazie lança sa guerre éclair sur la Belgique, l'occupant entièrement en trois semaines (Gand et Bruges ne subirent pas beaucoup de dégâts; toutefois, le nouveau canal de Bruges dut recevoir d'importantes réparations). Dès 1941, un mouvement de résistance se forma, comprenant un réseau clandestin pour éviter la déportation et la mort des juifs de Belgique. Après la guerre, alors que le pays tentait de se reconstruire, l'attitude du roi Léopold III, qui s'était trop facilement accommodé de la présence des envahisseurs, fut le sujet d'une vive controverse. En 1950, le peuple vota par une faible majorité le retour d'exil de son roi, mais Léopold décida d'abdiquer en faveur de son fils Baudouin Ier.

La régionalisation

Après avoir fondé le Benelux, une union économique avec le Luxembourg et les Pays-Bas, la nation devint membre de la Communauté économique européenne en 1957, et Bruxelles devint la capitale de l'organisation. La Belgique abandonna finalement le Congo belge (le Zaïre actuel) en 1960. Depuis la fin de la Seconde Guerre mondiale, la politique interne a été dominée par de continuelles frictions entre la Wallonie et la Flandre. En 1977, trois régions fédérales (Wallonie, Bruxelles, Flandre) furent créées dans l'espoir qu'une autodétermination plus forte diminuerait la tension entre les groupes; et en 1989, des gouvernements régionaux, responsables de toutes les décisions (sauf en ce qui concerne la défense, la politique extérieure et la sécurité sociale) furent mis en place.

Grâce à la légendaire courtoisie des Belges, les visiteurs perçoivent peu la querelle linguistique. L'ambitieuse restauration de la magnifique cité médiévale de Bruges attire aujourd'hui des touristes venus du monde entier. De même, Gand a entrepris une rénovation intensive dans le but d'intéresser de plus en plus de visiteurs et de s'assurer une longue prospérité.

QUE VOIR

Éloignées d'une cinquantaine de kilomètres, Bruges et Gand sont deux villes qui se visitent à pied. Bruges est faite pour les piétons: tous ses lieux d'intérêt touristique sont bien indiqués et regroupés au sein de ses petites rues. Si elle a été baptisée la «Venise du Nord» (un sobriquet qui ne rend justice à aucune des deux cités), c'est parce que son centre est traversé par 10 km de canaux, dont 4 km sont parcourus par des vedettes de croisière. Gand est plus étendue que Bruges, mais ses principaux sites historiques sont assez proches les uns des autres pour pouvoir les visiter à pied. Et l'été, les canaux sont eux aussi sillonnés par des bateaux de croisière.

BRUGES

La ville de Bruges est le chef-lieu de la province de Flandre-Occidentale et compte parmi les endroits les plus visités de

L'une des meilleures façons de découvrir Bruges consiste à suivre le réseau de ses canaux.

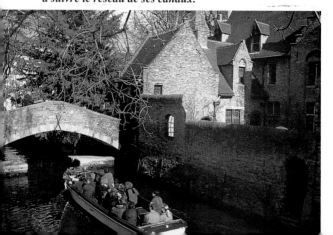

Belgique; il ne faut donc pas s'attendre à y trouver le calme en été. Si l'on pense à ses attraits, plusieurs mots viennent immédiatement à l'esprit: ravissant, charmant, pittoresque. Ce sont là des qualificatifs qui décrivent bien Bruges et qui en font un endroit si agréable à visiter à pied. Rien à voir avec ces lieux modernes gigantesques, faits pour impressionner; tout ce qui vous entoure est simplement magnifique. A chaque coin de rue, une merveille vous saute aux

Les nombreux drapeaux de Bruges flottent devant ses maisons à volets rouges.

yeux et enflamme votre imagination. Paradoxalement, c'est le déclin économique qu'a connu Bruges pendant cinq siècles qui a conservé ses vieux bâtiments, puisqu'il n'y avait pas assez d'argent pour les démolir et en édifier de nouveaux. Au XIXᵉ siècle, la ville, alors délabrée, fut «redécouverte» par des voyageurs et, dans les quartiers les plus paisibles, on devine ce qu'ils on dû ressentir en arpentant, au rythme des sabots et des sons de cloches, les rues désertes de la ville.

Ce qui frappe le plus le visiteur, c'est l'harmonie architecturale de la ville. Les pignons à redans, caractéristiques des maisons brugeoises, sont quelquefois en dents de scie tant ils sont usés, mais cela ne fait qu'ajouter à leur charme. La plupart des édifices sont bâtis en briques et leurs fenêtres et autres boiseries sont peintes dans le rouge traditionnel de Bruges. Cette ville est à présent si bien restaurée que vous vous surprendrez à rechercher des bâtiments moins parfaits, ne serait-ce que pour comparer! Il est vrai que les Belges eux-mêmes qualifient Bruges de musée en plein air. Quoi qu'il en soit, vous apprécierez la promenade que nous vous proposons et celles que vous improviserez (peut-être en longeant les canaux ou l'enceinte de la ville, avec ses beaux portails). De plus, les fiacres stationnés au Burg ne demandent qu'à vous emmener.

Entourée par des canaux, la vieille ville de Bruges est assimilable à une île. Au centre se trouve le **Markt**, place principale et cœur de Bruges. Là débute notre promenade. Aucun des sites décrits ci-dessous ne se trouve à plus de 2 km du lieu où nous sommes actuellement. Mais avant de partir, pensez à contempler le Markt. Comme les voitures l'indiquent, vous êtes à la fin du XXe siècle; cependant, bien peu de choses ont changé depuis la construction des édifices publics qui se dressent en face de vous, et il est facile d'imaginer l'animation qui régnait sur cette place à l'âge d'or de la cité.

Au sud du Markt

A l'angle sud-est de la place et dominant la ville se dresse un magnifique complexe de bâtiments en briques: le **Beffroi** (*Belfort*) et les **Halles** (*Hallen*). Ignorant la fâcheuse inclinaison d'1 m du Beffroi, qui fait 90 m de haut, vous commencerez par escalader les 366 marches qui vous séparent de la plate-forme d'observation. De là, le panorama sur la ville et la campagne alentour est à vous couper le souffle; surtout en fin d'après-midi ou tôt le matin. Le Beffroi, qui date du XIIIe siècle, témoigne de la prospérité de la ville à cette époque. Le dernier étage (incluant l'horloge) remonte au XVe. Au deuxième étage se trouve la trésorerie, où le sceau et les chartes de la ville étaient gardés derrière des grilles au style roman chargé, forgées en 1292 et comportant chacune neuf serrures. Peut-être aurez-vous déjà entendu sonner le carillon à 47 cloches, qui pèse 27 tonnes et est suspendu dans la tour au-dessus de votre tête. Si vous vous perdez, repérez-vous par rapport au Beffroi. Les Halles datent aussi de la fin du XIIIe siècle; ce marché couvert grouillait alors de vendeurs noyés d'odeurs d'épices apportées par des marchands vénitiens. A l'origine, un canal courait sous le marché, et facilitait le chargement et le déchargement des marchandises. Les lois de la ville étaient jadis proclamées depuis le balcon situé au-dessus de l'entrée.

Au centre du Markt, à quelques encablures, se dresse un monument (XIXe siècle) aux héros des Matines brugeoises, Jan Breydel et Pieter de Coninck (voir p.13). Ces statues vert-de-grisées illustrent la détermination des deux hommes.

Une halle aux draps (XIIIe siècle) occupait jadis le côté est du Markt; on y trouve maintenant le **Palais provincial** (*Provinciaal Hof*) de la Flandre-Occidentale, de style néogothique, fermé au public. De l'autre côté de la place se dresse la **maison Cranenburg**, où Maximilien d'Autriche fut brièvement séquestré par les Brugeois en 1488. (Furieux, l'archiduc ferait par la suite tout son possible pour favoriser l'essor d'Anvers au détriment de Bruges voir p.15). Au coin de Sint-Amandsstraat, sur le même côté, vous verrez la **maison Bouchoute**, un superbe édifice en brique du XVe siècle.

Le Burg

A l'angle sud-est du Markt, près des Halles, prenez la

Le Markt est ceinturé par de très anciennes bâtisses aux pignons surélevés.

Breidelstraat. Vous passerez devant De Garre, la rue la plus courte de Bruges, au bout de laquelle se trouve un bar confortable du nom de Staminee de Garre où, pour étancher votre soif, vous pourrez choisir parmi la centaine de bières qu'il propose. La Breidelstraat vous mènera au **Burg**; l'une des plus belles places médiévales d'Europe, elle tire son nom de la citadelle construite ici par Baudouin Ier, dit Bras de Fer. Quels sont les plus beaux monuments de la place? Au coin de Breidelstraat et du Burg, le **Doyenné** (*Proosdij*) baroque où vivaient jadis les évêques de Bruges date de 1666; son parapet est bordé d'urnes et coiffé d'une personnification féminine de la Justice, armée d'une balance et d'une épée. Ce bâtiment occupe l'emplacement de Saint-Donatien (*St. Donaaskerk*), une église de style carolingien bâtie vers 900, dont une réplique miniature en pierre se trouve sous les arbres du Burg (à droite du bâtiment quand vous lui faites face). Du côté sud du Burg, l'**Hôtel de Ville** (*Stadhuis*) fut édifié entre 1376 et 1420. Un des plus anciens hôtels de ville de Belgique, c'est un vrai chef-d'œuvre gothique, avec ses élégantes fenêtres bordées de pilastres et ses tourelles octogonales. Si vous vous rapprochez du bâtiment, ses cheminées en spirale et ses statues sembleront descendre vers vous et les impressionnants détails de la façade de grès seront plus clairs. Les statues de la façade (copies modernes des sculptures originales, peintes par Van Eyck et détruites par les Français après la Révolution) représentent les comtes de Flandre.

Tout l'intérieur de l'Hôtel de Ville est à la hauteur de son magnifique extérieur. Un escalier en pierre bleue vous mènera du hall d'entrée à la salle gothique du premier étage, une pièce splendide où se tinrent les premiers états généraux, mis en place en 1464 par les ducs de Bourgogne afin de calculer la contribution de la province au trésor. Le plafond voûté en chêne, réalisé entre 1385 et 1402, est richement décoré de tons marron, bordeaux, or et noirs et historié de scènes du Nouveau Testament. Les peintures murales sont des reconstitutions de l'histoire de la cité, exécutées par les frères De Vriendt en 1905 pour remplacer les décorations originales de 1410, alors disparues. Le petit balcon délicat près de la porte d'entrée était réservé aux musiciens. De nos jours encore, des réceptions et des cérémonies publiques, telles que des mariages, ont lieu à l'Hôtel de Ville. Dans une petite pièce sont exposés des documents, des pièces et divers autres objets liés à l'histoire de la ville.

Si vous vous tenez face à l'Hôtel de Ville, vous verrez sur la droite la petite entrée dorée de la **basilique du Saint-Sang** (*Basiliek Van het Heilig Bloed*). L'édification de sa façade à trois arches fut achevée en 1534, donc bien après celle de l'Hôtel de Ville. De riches sculptures de pierre, ainsi que des statues dorées d'anges, de chevaliers et de leurs dames se tiennent aux pieds de deux tours d'une grande finesse, très proches l'une de l'autre et au style islamique. L'intérieur de la basilique se divise en deux chapelles d'un contraste saisissant: une chapelle inférieure romane du XIIe siècle et une chapelle supérieure gothique. La chapelle inférieure, sombre et aux piliers massifs, est d'un style typiquement roman. Sa décoration se limite à un bas-relief en pierre situé au-dessus

Il est toujours possible de se marier dans le hall gothique de l'Hôtel de ville.

d'une porte intérieure, qui dépeint le baptême de saint-Basile (un des pères de l'Eglise), dont les restes furent rapportés de Palestine par le comte de Flandre Robert II. Cette sculpture au style puéril, amplifié par les deux colonnes dépareillées qui la soutiennent, est très usée.

Pour accéder à la chapelle supérieure, vous passerez une splendide porte gothique donnant sur un large et élégant escalier en colimaçon. En haut, vous déboucherez sous l'orgue de la chapelle. Si les lignes originales de l'endroit ont été dénaturées par l'ajout immodéré de peintures murales et autres décorations au XIXe siècle, il en émane tout de même une impression de chaleur et de richesse. Le plafond évoque un bateau renversé et la pièce est envahie d'une lumière dorée. La chaire, de couleur bronze, ressemble étrangement à une tomate farcie! Sur le côté, une minuscule chapelle abrite la relique sacrée qui a donné son nom à la basilique. A son retour de la IIe croisade en 1149, le comte de Flandre Thierry d'Alsace aurait ramené de Jérusalem cette fiole de cristal qui contient, dit-on, quelques gouttes du sang du Christ. Elle devint un objet de vénération de par

l'Europe médiévale et continue d'être présentée aux fidèles tous les vendredis de l'année. La légende veut que pendant plusieurs années, le sang se soit liquéfié à intervalles réguliers, ce que le pape Clément V qualifia de miracle. La fiole est

L'entrée de la chapelle supérieure de la basilique du Saint-Sang.

Le jour de l'Ascension, la Procession du Saint-Sang nous rappelle plusieurs siècles de ferveur religieuse.

précieusement conservée dans un tabernacle en argent richement décoré, offert en 1611 par les archiducs d'Espagne. La ferveur et la vénération qui entouraient autrefois la relique sont recréées chaque mois de mai, le jeudi de l'Ascension, au cours de la fameuse procession du Saint-Sang (*Helig-Bloedprocessie*), la plus importante manifestation de Flandre-Occidentale. A l'extérieur de la basilique, un petit musée abrite l'extraordinaire châsse en or et en argent qui est utilisée pour transporter la fiole lors de son défilé à travers la ville, ainsi qu'un triptyque de Pierre Pourbus (XVIe siècle) représentant la Noble Confrérie du Saint-Sang.

Face à la basilique, l'office du tourisme signalé par un grand panneau vert et blanc occupe le **palais du Franc de Bruges** (*Paleis Van het Brugse Vrije*), un édifice néoclassique bâti au début du XVIIIe siècle à l'emplacement de l'ancien palais de justice. A l'arrière de cet édifice, les ruines d'une jolie façade du XVIe siècle surplombent le canal.

A côté se dresse l'**ancien Greffe** (*Oude Civiele Griffie*), de style Renaissance; couvert de statues, il fut construit en 1537. Notez les formes arrondies de ses pignons à volutes, qui contrastent avec les pignons à redans caractéristiques de l'architecture brugeoise. Cette maison abrite le **musée du Franc de Bruges** (*Brugse Vrije Museum*), dont le principal intérêt réside dans une grande cheminée Renaissance en marbre noir et en chêne, réalisée entre 1528 et 1531 selon les plans du peintre Lancelot Blondeel, en l'honneur de Charles Quint. C'est l'une des plus belles œuvres de Bruges (à ne surtout pas manquer). Cette sculpture monumentale couvre un pan de mur entier, ses vrilles et ses coffres rejoignant le plafond. Au centre se trouve une statue de Charles Quint vêtu d'une armure et arborant l'emblème de l'ordre de la Toison d'or. On dénombre également 46 armoiries et rubans de bois. Parmi les scènes représentées, citons la défaite des Français à Pavie et l'épisode biblique de Suzanne et les vieillards. Vous serez subjugué par l'harmonie de ce chef-d'œuvre de complexité, mais aussi impressionné par des détails pratiques, tels ces anneaux auxquels les hommes se retenaient pour sécher leurs bottes devant le feu.

Autour du Vismarkt

Passez l'arche Renaissance située entre l'ancien Greffe et l'Hôtel de Ville, puis prenez la Blinde Ezelstraat (rue de l'Ane aveugle); passé le pont, vous atteindrez les colonnades du **Vismarkt** (marché aux Poissons). Bâti en 1820, cet édifice abrite toujours un important marché, où s'échangent toutes sortes d'espèces pêchées dans la mer du Nord. Le canal est longé par des rues offrant une vue superbe. Dans Groene Rei (à gauche au pont), la **maison-Dieu Pélican** (*Pelicaanhuis* – 1634), nommée d'après le relief en forme de pélican au-dessus de sa porte, était jadis un hospice. Construits par les guildes de Bruges pour abriter et soigner les vieillards, les malades et les pauvres, ces hospices étaient répartis dans toute la ville. C'étaient en général des maisons basses aux murs blanchis à la chaux, à l'image de celles que

vous verrez dans Zwarte-Leertouwerstraat (prenez la dernière route à droite dans Groene Rei).

De retour derrière le Vismarkt, allez flâner sur la place des
Tanneurs (*Huidenvettersplein*), qui accueille de bons restaurants et plusieurs cafés. A côté, la **maison des Tanneurs**
(*Huidenvettershuis*) est un édifice à tourelles construit en
1630. Plus loin, admirez la vue depuis le quai du Rosaire
(*Rozenhoedkaai*), d'où partent des croisières sur les canaux.
Le Dijver, un affluent du Rei, débute au **pont Saint-Jean-
Népomucène** (*St J. Nepomucenusbrug*); le saint patron des
ponts est aussi honoré par une statue. Les rives ombragées
du Dijver accueillent chaque dimanche un petit marché aux
puces, puis la rivière poursuit son cours, passant devant de
splendides vieilles maisons et traversant le canal pour parve-
nir à la Gruuthusestraat. Descendez cette rue: sur votre
gauche se trouve un ensemble comprenant les musées Groeninge, Brangwyn et Gruuthuse.

Le musée Groeninge

Le **musée Groeninge** abrite
quelques-unes des plus belles œuvres des primitifs de
l'école de Bruges, dont le
portrait de Marguerite Van
Eyck, un tableau qui représente l'air dédaigneux de
l'épouse du peintre avec un
réalisme saisissant, ainsi
que les feux de l'enfer du

*Le jardin du musée
Groeninge offre un cadre
typiquement flamand.*

Les musées de Bruges

Brasserie Straffe Hendrik: *Walplein 26*. Petite brasserie et musée. Ouvert pour les visites guidées d'avril à septembre de 10h à 17h; d'octobre à mars à 11h et 15h. 140 FB (boisson comprise). (Voir p.46)

Centre de la Dentelle (Kantcentrum): *Peperstraat 3*. Musée de la dentelle. Ouvert du lundi au vendredi de 10h à 12h et de 14h à 18h; le samedi de 10h à 12h et de 14h à 17h. Fermé le dimanche et les jours fériés. Démonstrations l'après-midi. 60 FB. (Voir p.34)

Musée Brangwyn: *Dijver 16*. Collection d'œuvres de Frank Brangwyn, ainsi qu'un petit musée de la dentelle. Ouvert d'avril à septembre de 9h30 à 17h; d'octobre à mars de 9h30 à 12h30 et de 14h à 17h. 80 FB. (Voir ci-contre)

Musée communal du Folklore: *Rolweg 40*. Hospices d'époque. Ouvert d'avril à septembre de 9h30 à 17h; d'octobre à mars de 9h30 à 12h30 et 14h à 17h. Fermé le mardi. 80 FB. (Voir p.46)

Musée du Franc de Bruges: *Burg 11*. Magnifique cheminée Renaissance. Ouvert d'avril à septembre, du mardi au dimanche de 9h30 à 12h30 et de 13h15 à 17h; d'octobre à mars de 9h30 à 12h30 et de 14h à 17h; fermé en janvier. 100 FB. (Voir p.30)

Musée Groeninge: *Dijver 12*. Tableaux flamands du Moyen Age. Ouvert d'avril à septembre de 9h30 à 17h; d'octobre à mars de 9h30 à 12h30 et de 14h à 17h. Fermé le mardi. 200 FB. (Voir p.31)

Musée Gruuthuse: *Dijver 17*. Splendide maison d'époque. Ouvert d'avril à septembre de 9h30 à 17h; d'octobre à mars de 9h30 à 12h30 et de 14h à 17h. 130 FB. (Voir p.34)

Musée Memling: *Mariastraat 38*. Magnifiques tableaux du maître flamand. Ouvert d'avril à septembre de 9h30 à 17h; d'octobre à mars, de 9h30 à 12h30 et de 14h à 17h. Fermé le mercredi 100 FB. (Voir p.37)

Un billet donnant accès aux musées Groeninge, Gruuthuse, Brangwyn et Memling est disponible pour la somme de 400 FB. Tous les musées proposent des billets familiaux.

Jugement dernier de Jérôme Bosch. Dans le *Jugement de Cambyse*, tableau de justice peint par Gerard David en 1498, on voit une foule observer calmement un juge corrompu en train d'être écorché vif. Parmi les autres trésors du musée, ne manquez pas deux chefs-d'œuvre de Hans Memling: le *Triptyque Moreel*, avec saint Christophe au centre et des portraits sur les volets, et le *Retable de saint Jean*. Vous verrez aussi de splendides portraits par Hugo Van der Goes, Rogier Van der Weyden et Petrus Christus, et nombre de tableaux de la ville exécutés par des maîtres anonymes (essayez d'y reconnaître les monuments). Mais la plus belle pièce reste la *Vierge au chanoine Van der Paele*, de Van Eyck; le grain et les plis des tissus et tapis sont plus vrais que nature. La collection d'art moderne est également digne d'intérêt – avec un paysage de James Ensor et des tableaux de Magritte, auxquels on a ajouté des œuvres d'expressionnistes flamands –, mais les anciens maîtres flamands gardent la vedette. Les quelque 15 salles du musée sont bien agencées et chaque œuvre comporte un descriptif en plusieurs langues.

Le musée Brangwyn

Au n° 16 se trouve le **musée Brangwyn.** Il porte le nom de sir Frank Brangwyn, un artiste gallois né à Bruges en 1867 et qui légua sa collection privée à la ville lorsqu'il mourut en 1956. Brangwyn était un disciple du mouvement «Arts and Craft» et les eaux-fortes, les gravures et

La brasserie Straffe Hendrik offre un verre à chacun de ses visiteurs.

L'orgueil du musée Gruuthuse: ses pièces décorées dans des styles très différents.

les tapis exposés en sont profondément imprégnés. Apprenti de William Morris, le fondateur du mouvement, il devint peintre officiel de guerre lors de la Première Guerre mondiale. Le musée abrite de nombreux tableaux de Brangwyn, ainsi que ses meubles. Dans le même bâtiment, le petit **musée de la Dentelle** se compose d'une série d'appartements ornés de lustres et décorés de dentelles très détaillées, du XIXe siècle pour la plupart.

Le musée Gruuthuse

Le jardin du musée Brangwyn abrite une effrayante sculpture de l'artiste Rik Poot, *les Quatre Cavaliers de l'Apocalypse*, qui combine armures robotiques et squelettes d'animaux. Le plus vieux pont de Bruges, arqué et aux pavés usés, relie cette cour au **musée Gruuthuse**. Le nom de ce musée signifie «maison de la *Gruut*», car la famille qui occupait jadis cette maison avait le monopole de la *gruut*, un mélange d'herbes, d'orge et autres plantes servant à la fabrication de la bière. Le bâtiment lui-même (une superbe demeure en brique rouge) constitue un des grands attraits du musée. Bâti au XVe siècle, il a accueilli à deux reprises des rois d'Angleterre en exil: Henri IV en 1471 et Charles II en 1656. A l'intérieur règne une douce odeur de bois ciré, expliquée par la présence de superbes meubles d'époques différentes. On trouve aussi une exceptionnelle collection de dentelles, de tapisseries et d'instruments de musique – notamment une belle épinette. Les commentaires ne figurent qu'en flamand, mais vous n'en aurez pas besoin pour admirer la superbe cheminée et le plafond aux poutres apparentes de la Salle n° 1, ni l'imposante cuisine médiévale. Les poutres du plafond de la Salle n° 5 sont sculptées et peintes d'anges, et cette pièce offre une vue intéressante sur les toits et la cour de la demeure. On y trouve aussi des arbalètes antiques, ainsi qu'une guillotine. Enfin, l'oratoire (une chapelle privée) donne directement sur le chœur de l'église Notre-Dame avoisinante et offre une vue plongeante sur l'édifice.

L'église Notre-Dame

Avec 122 m, la tour de brique de l'**église Notre-Dame** (*Onze Lieve Vrouwkerk*) est la plus haute de Belgique et servait jadis de phare aux bateaux qui venaient à Bruges. L'extérieur de l'église marie des styles différents de manière plutôt maladroite; cependant, l'intérieur est nettement plus intéressant. Il recèle en effet des trésors d'art et d'objets religieux, notamment *La Vierge à l'Enfant,* œuvre de Michel-Ange qui, à l'origine, était destinée à la cathédrale de Sienne, et seul chef-d'œuvre du grand maître à avoir jamais quitté l'Italie de son vivant. C'est le marchand flamand Jan Moscroen (Mouscron) qui rapporta la statue, à la grande satisfaction de nombreux artistes qui y puisèrent l'inspiration pour la suite de leur œuvre (citons entre autres Albrecht Dürer qui, en 1521, visita l'église). Il vous faudra aujourd'hui faire abstraction de l'imposant autel du XVIIIᵉ siècle qui soutient la sculpture, ainsi que du verre protecteur qui l'entoure. La Vierge arbore un visage à la fois sombre et préoccupé, tandis que l'Enfant se trouve allongé nonchalamment sur ses genoux.

L'église abrite également de belles toiles de Pieter Pourbus (l'*Adoration des bergers,* la *Dernière Cène*) et Gerard David (la *Transfiguration*), mais après la sculpture de Michel-Ange, c'est dans le chœur que se situe le principal intérêt: vous pourrez y admirer les superbes mausolées Renaissance de Charles le Téméraire et de sa fille Marie de Bourgogne. Tous deux sont richement décorés de blasons et de motifs fleuris en cuivre doré. Les statues des deux personnages, qui comportent des détails privés tels que les chiens assis aux pieds de Marie, sont aussi en cuivre doré. Selon certains, ni Charles ni Marie ne seraient enterrés ici: Charles mourut en 1477 au siège de Nancy et son corps fut identifié avec difficulté; pour sa part, Marie (qui se tua dans un accident de cheval en 1482, à l'âge de 25 ans, mettant ainsi un terme au règne des ducs de Bourgogne) reposerait dans le chœur dans un groupe de tombes polychromes qui, bizarrement, n'a été découvert qu'en 1979. Vous pourrez voir ces tombes à fresques sous vos pieds à travers un sol vitré; leurs côtés sont révélés par un subtil jeu de miroirs.

Par ailleurs, vous trouverez dans l'église la chapelle de Lanchals (voir p.41), qui contient des tombeaux à fresques bordeaux et noirs, ainsi que l'austère *Christ en croix* de Van Dyck. La superbe tribune en bois sculpté du déambulatoire, qui relie l'église à la Gruuthuse, date du XVe siècle.

L'hôpital Saint-Jean

En face de l'église, passez une petite arche et vous atteindrez l'hôpital Saint-Jean (*Sint-Janshospitaal*). Cet édifice datant du XIIe siècle est l'un des plus vieux

«La Vierge à l'Enfant» de Michel-Ange est exposée à l'église Notre-Dame.

*De nombreuses œuvres d'art et de précieuses reliques
embellissent l'église Notre-Dame.*

de Bruges. Les anciennes salles des malades abritent des expositions de documents et d'instruments chirurgicaux à vous dresser les cheveux sur la tête. La pharmacie (XVIIe siècle) est ornée d'un bas-relief sculpté représentant les patients couchant à deux par lit. Ce bâtiment servit d'hôpital jusqu'au XIXe siècle et cette tradition imprègne encore le lieu. Le bureau d'accueil vous fournira de plus amples informations; il vous propose en outre une agréable brasserie.

Le **musée Memling**, qui abrite six œuvres du maître flamand Hans Memling, est installé dans l'ancienne église de l'hôpital. Bien qu'assez petit, ce musée est une étape indispensable à la visite de Bruges. Les œuvres exposées illustrent l'extrême attention de Memling aux détails et sa maîtrise du réalisme. Elles sont toutes admirables, mais la plus connue, un des trésors artistiques de Belgique, est la *Châsse de sainte Ursule*. Commandé par deux sœurs qui travaillaient dans l'église, ce reliquaire se présente sous la

La partie centrale du triptyque «Mariage mystique de sainte Catherine» (Memling).

forme d'une chapelle gothique miniature en bois sculpté, dont les fenêtres sont des œuvres de Memling. Dans le *Mariage mystique de sainte Catherine*, on peut admirer saint Jean l'Evangéliste et saint Jean-Baptiste, les deux saints patrons de l'hôpital, et l'on prétend que les portraits de sainte Catherine et sainte Barbe étaient en fait ceux de Marie de Bourgogne et de Marguerite d'York. Un tableau de Jan Beerbloch illustre le peu d'hygiène des hôpitaux de l'époque: des infirmières balayent le sol et des chiens errent dans les dortoirs.

Autour de Mariastraat

Prenez Mariastraat vers le sud et regardez vers Nieuwe Gentweg, sur la gauche: la rue est bordée d'hospices aux murs blanchis à la chaux et aux jardins ouverts au public. Stoofstraat, la rue la plus étroite de Bruges (et certes pas la plus facile à trouver!), est perpendiculaire à Mariastraat. Prenez à droite dans la rue suivante, Walstraat, une allée calme aux maisons à pignons des XVIe et XVIIe siècles, dans lesquelles on fait encore des dentelles (à même la rue par beau temps). Si la soif tout court est plus forte que votre soif de culture, quelques pas vous mèneront à la **brasserie Straffe Hendrik**, au Walplein 26. La Belgique est réputée pour ses innombrables bières, et Bruges produit des crus exceptionnels. Straffe Hendrik («Henri le Robuste») brasse à Bruges depuis 1546 et ici depuis 1856; la bière du même nom est légère et à

La peinture flamande

La Flandre médiévale nous a légué parmi les peintures les plus profondes et les plus appréciées au monde, dont les plus magnifiques exemples se trouvent à Bruges et à Gand. Le merveilleux talent de peintres tels que Bosch, Memling et Van Eyck a jailli de la tradition gothique qui les a nourris. L'art gothique était essentiellement religieux et dévot, décrivant la vie du Christ, de la Vierge Marie et des saints, mais il mit aussi l'accent sur la représentation précise du monde, création de Dieu et véhicule du sacré. (C'est dans ce contexte que toute l'horreur représentée dans les œuvres de Bosch, où les éléments de la réalité sont combinés et accentués jusqu'à devenir cauchemardesques, a pu voir le jour.)

Van Eyck conserva le sujet religieux de la tradition gothique, mais il y apporta la technique révolutionnaire de l'huile, qui lui permettait de peindre avec plus de précision les détails qu'il aimait reproduire. Personne avant lui n'avait décortiqué la nature avec tant de minutie ou représenté ses observations avec tant de précision. Ses portraits (dont on peut dire qu'ils sont sans complaisance), avec ceux de Memling et les tableaux d'artistes tels que Petrus Christus, Hugo Van der Goes et Pieter Pourbus, atteignirent des sommets en matière de restitution des apparences.

Le mélange du sacré et de la description fidèle du monde franchit une nouvelle étape une centaine d'années après Van Eÿck grâce aux œuvres de Bruegel l'Ancien, dont les représentations d'événements bibliques sont situées dans le monde paysan de son époque.

Néanmoins, le génie artistique a généralement besoin d'un sol fertile pour se développer. Pendant longtemps, la richesse de la cour de Bourgogne et des marchands de Bruges et de Gand fut suffisamment grande pour commissionner bon nombre de nouvelles œuvres. Mais finalement, le centre de l'activité économique se déplaça vers le nord, à Anvers (ville de Rubens, qui eut Van Dyck pour élève) et aux Pays-Bas, où se développa le premier marché élaboré pour les tableaux de genre. Inévitablement, l'influence de la peinture flamande se retrouva liée à des préoccupations d'ordre financier. Toutefois, cette école allait s'efforcer de continuer à rayonner à travers le monde artistique pendant les siècles à venir.

haut degré de fermentation. La visite du musée de la brasserie dure 45 minutes et vous y apprendrez tout sur la fabrication de la bière. A l'issue de la visite, on vous en servira gracieusement un verre dans un bar bordé de bouteilles originales. Tout le bâtiment est envahi par une odeur agréable qui s'échappe à diverses étapes du brassage. Le tour des locaux vous emmènera aussi sur les toits, d'où vous jouirez d'une superbe vue sur les pignons du centre-ville.

Le béguinage de la Vigne

Au sud de l'église, descendez Mariastraat et suivez les panneaux pour le **béguinage** (*Begijnhof*). Le pays abritait jadis un grand nombre de résidences pour ordres religieux tertiaires, réservés à des femmes célibataires ou abandonnées (les béguines) qui désiraient vivre en communauté sans prononcer de vœux. Elles soignaient les malades et vendaient de la dentelle. Le «béguinage princier de la Vigne» (*Prinselijk Begijnhof ten Wijngaarde*) fut fondé en 1245 par Marguerite de Constantinople et était encore en activité au début de notre siècle; c'est aujourd'hui un couvent de bénédictines. Les religieuses portent l'habit des béguines et ce sont elles qui préparent les costumes pour la procession du Saint-Sang. Ce couvent est une jolie résidence, à laquelle on accède par un pont qui enjambe le canal, puis à travers une arche. Ses maisons du XVIIe siècle aux murs blanchis à la chaux entourent un jardin arboré, qui voit fleurir des jonquilles au printemps. Bruges ne manque pas d'endroits pittoresques et pleins de charme, mais le béguinage reste l'endroit le plus photographié. On peut entrer dans une ancienne maison de béguines, transformée en un petit musée, et dans l'église, qui date de 1245. Le réseau de rues autour du béguinage n'a pas changé depuis le XVIIe siècle, alors prenez le temps de contempler ses merveilles.

Minnewater

Le parc et le lac de **Minnewater** (lac d'Amour) forment un ensemble pittoresque et populaire, qui s'étend juste au sud de Walplein et de Wijngaardplein. Avant que la rivière s'ensable et que Bruges soit coupée de la mer, le lac constituait l'avant-port de la ville et l'on peut encore voir la maison de l'Eclusier (*Sashuis*), bâtie au XVe siècle. Au-delà de la maison de l'Eclusier, la tour qui se trouve à votre droite rappelle les fortifications qui gardaient le port. Selon la légende, la présence de cygnes sur le lac remonte à 1448, lorsque Maximilien fut emprisonné à Bruges et que son conseiller Pieter Lanchals fut décapité. Un cygne figurait sur le blason de Lanchals et l'empereur ordonna que les canaux fussent à jamais peuplés par ces oiseaux en souvenir des crimes des Brugeois.

Flânez le long de ces rues du XVIIe siècle et, lorsque vous serez fatigué, réfugiez-vous dans un confortable café du XXe.

Un des endroits où s'arrêter: un bar qui propose 300 bières différentes.

Si vous ne faites pas confiance à votre instinct et au Beffroi pour rejoindre le Markt, vous pouvez y aller en prenant les rues Mariastraat, Simon Stevinplein et Steenstraat. Steenstraat, une belle artère bordée par des anciennes maisons de corporations, compte au nombre des joyaux de Bruges. La maison des Bateliers est couronnée d'un bateau et d'un ours dorés, et la maison des Maçons d'instruments de maçonnage. En quittant Steenstraat par la gauche, on arrive à la **cathédrale Saint-Sauveur** (*Sint-Salvatorskathedraal*). Si plusieurs parties du bâtiment datent des XIIᵉ et XIIIᵉ siècles, l'église originale fut fondée au Xᵉ siècle. C'est la plus vieille église paroissiale de Bruges et elle fut choisie comme cathédrale en 1834, après que la précédente eut été détruite par les Français. L'énorme tour ouest, haute de 99 m, regroupe des styles architecturaux accumulés au fil des siècles, en commençant par le style roman du XIIᵉ siècle et en terminant par la flèche ajoutée en 1871. L'intérieur de l'édifice, de style gothique, est relativement quelconque et spartiate, mais les stalles et le jubé baroque représentant Dieu le Père sont dignes d'intérêt. Le musée de la cathédrale, à côté du transept droit, recèle des objets liturgiques et des toiles de peintres flamands, dont celles de Dieric Bouts et Pieter Pourbus.

Reprenez Steenstraat en direction du Markt. Au sud de Simon Stevinplein, un petit détour par l'Oude Burg vous

Un havre de paix le long des anciennes fortifications du lac de Minnewater, qui protègent les cygnes depuis 1448.

conduira à l'**hôtel du seigneur de Watervliet** (*Hof van Watervliet*). Cet ensemble de bâtiments datant du XVIe siècle a fait l'objet de maintes restaurations (y compris la maison) mais conserve un intérêt particulier; c'est là que vécurent le grand humaniste Erasme et le roi d'Angleterre Charles II, alors en exil.

Au nord du Markt

Les quartiers au nord du Markt sont bien plus calmes que ceux situés au sud. Au Moyen Age, c'est là que les marchands de Bruges avaient élu domicile et menaient leurs affaires; il n'était d'ailleurs pas rare d'habiter et de travailler dans le même bâtiment. Les avenues bordées d'élégantes maisons de cette époque sont ponctuées de grandioses demeures datant du XVIIIe siècle et les canaux y sont plus larges qu'ailleurs. Rien d'étonnant à ce que les visiteurs apprécient particulièrement cette partie de la ville!

 **Jan Van Eyckplein**

Au Markt, prenez la Vlamingstraat et remontez-la vers le nord durant quelques minutes; vous atteindrez la place Jan Van Eyckplein et, non loin, la **Spiegelrei**, un des ports dont Bruges était jadis dotée. Au Moyen Age, c'était non seulement le plus fréquenté de tous, avec son canal le reliant directement au Markt, mais aussi le carrefour commercial et diplomatique de la ville, si bien que de nombreux consulats s'y installèrent. La place abrite une statue du peintre qui lui a donné son nom, mais ce sont les bâtiments alentour qui offrent le plus grand intérêt. Face à la statue se dresse le plus marquant de tous: la **loge des Bourgeois** (*Poorters Loge*), avec sa tour effilée pointée vers le ciel. Les riches marchands de Bruges se réunissaient autrefois dans cet édifice (XIVe siècle) dont la façade est ornée d'une statue de l'ours joyeux que l'on voit sur les armoiries de Bruges. L'ours était aussi l'emblème d'une confrérie de jouteurs qui organisaient leurs combats sur la place du marché attenante. Si vous faites face à la loge des Bourgeois, vous verrez à sa droite le **Tonlieu** (*Oud Tolhuis*), où les droits sur les marchandises étaient perçus par les ducs de Luxembourg; leurs armoiries figurent sur la façade. De nos jours, ce superbe édifice gothique est la bibliothèque communale de Bruges, qui abrite d'innombrables manuscrits et volumes.

A l'est de Jan Van Eyckplein

A partir de Jan Van Eyckplein, prenez la jolie Spinolarei, puis engagez-vous dans la Koningstraat; vous arriverez bientôt à Sint-Maartensplein et trouverez l'**église Sainte-Walburge** (*Sint-Walburgakerk*). Juste au-dessus de la porte d'entrée de cette impressionnante église baroque, bâtie en 1643 par le jésuite brugeois Pieter Huyssens, trône une statue de saint François-Xavier. Son intérieur baroque ne vaut guère la peine de s'attarder, si ce n'est pour son admirable chaire réalisée par Artus Quellin le Jeune. Un double escalier permet d'accéder à la chaire, qui est dominée par un dais orné d'anges jouant du cor. Ce gracieux et fascinant ouvrage semble se prolonger sans soutien jusqu'au milieu de la nef, tel un arbre se penchant au-dessus d'une rivière.

Les fiers gardiens de l'honneur de Bruges restent toujours vigilants.

Traversez le canal et prenez la Sint-Annarei vers le sud, puis la Sint-Annakerkstraat; devant vous se dresse la fine flèche de l'**église Sainte-Anne** (*Sint-Annakerk*), édifice baroque construit en 1624 pour remplacer l'église gothique qui occupait cet emplacement jusqu'à sa destruction en 1561. Si elle est ouverte, allez-y et admirez son jubé, ses confessionnaux, ses boiseries baroques et sa chaire. L'étrange campanile de style pseudo-oriental visible depuis l'église Sainte-Anne est celui de l'**église de Jérusalem** (*Jeruzalemkerk*) qui, à l'inverse de ce que l'on pourrait penser, n'est pas dans Jeruzalemstraat mais dans Peperstraat. Nommée d'après le Saint-Sépulcre de Jérusalem, elle fut bâtie en 1428 par les Adornes, une riche famille de marchands génois établis à Bruges et qui avaient effectué un pèlerinage à Jérusalem. La crypte abrite une copie conforme du tombeau du Christ! Cette église sombre, austère et étriquée contient des vitraux des XVe et XVIe siècles, sur certains desquels figurent des membres de la famille Adornes – notamment, dans la nef, Anselme et son épouse.

L'autel, quelque peu morbide, est sculpté de crânes et d'ossements, et l'atmosphère macabre est renforcée par l'espace à l'arrière de l'autel et au-dessus de la crypte, fermé sur quasiment toute la hauteur de la tour pour créer une inquiétante grotte artificielle.

A deux pas de l'église de Jérusalem se trouve le **Centre de la Dentelle** (*Kantcentrum*), un musée-atelier logé dans le Jeruzalemgodshuizen, un ancien hospice datant du XVᵉ siècle lui aussi fondé par la famille Adornes. Tous les jours, des dentellières et leurs apprentis effectuent des démonstrations de leur savoir-faire, dont de beaux exemples sont exposés.

Dans Balstraat, un panneau vous indiquera le chemin jusqu'au **musée communal du Folklore** (*Stedelijk Museum voor Volkskunde*), installé au Rolweg 40 sous l'enseigne De Zwarte Kat («Le Chat Noir»). Situé dans la superbe maison-Dieu de la guilde des cordonniers, ce musée recrée la vie de la Flandre-Occidentale d'autrefois grâce à ses objets d'art et ustensiles en tous genres, son ameublement d'époque et, pour les marcheurs assoiffés, sa brasserie traditionnelle.

L'assiduité et la précision que demande l'art de la dentelle ne peuvent convenir aux gens pressés ou paresseux.

A l'ouest de Jan Van Eyckplein

Si vous rejoignez Jan Van Eyckplein et suivez l'Acadamiestraat du côté ouest de la place, vous déboucherez dans la Grauwerkerstraat, rue où se trouve l'élégant **hôtel Beurse** (*Huis ter Beurse*). Aujourd'hui une banque, cet hôtel du XVe siècle appartenait autrefois à la famille Van der Beurse. Dans ce bâtiment logeaient de nombreux marchands et se traitaient la plupart des affaires commerciales de Bruges, si bien que le nom finit par désigner l'endroit générique où se concluent des marchés: la Bourse. (Un grand nombre de langues emploient un mot similaire, dérivé du même nom.) Les marchands génois en visite à Bruges menaient quant à eux leurs transactions dans le bâtiment en face, la **loge des Génois** (*Natiehuis Van Genua*), construite en 1441.

Il n'existe aucun sanctuaire de la taille de la cathédrale Saint-Sauveur ou de l'église Notre-Dame au nord du Markt, mais **l'église Saint-Jacques** (*Sint-Jakobskerk*), située dans Sint-Jakobsstraat, est sûrement la plus importante du quartier. Elle fut améliorée et agrandie à sa taille actuelle au XIIIe siècle, grâce au soutien des ducs de Bourgogne. L'intérieur de l'église, qui s'auréole d'une lumière rose pâle quand le soleil brille, est doté d'une harmonie qui fait curieusement défaut dans bon nombre d'églises de la ville de Bruges. Vous y découvrirez maints tableaux et tombeaux des XVIe au XVIIIe siècles. Approchez-vous pour admirer la superbe chaire minutieusement sculptée et coiffée d'un dais. Le tombeau le plus remarquable est un monument funéraire à deux niveaux où reposent Ferry de Gros et ses deux épouses (Ferry de Gros, mort en 1544, était le trésorier de l'ordre de la Toison d'or); ce tombeau est orné d'un astragale en céramique de style Renaissance italienne, avec des carreaux incrustés dans les parois représentant des motifs floraux des plus élaborés. La Sint-Jakobsstraat vous ramènera au Markt.

EXCURSIONS AU DEPART DE BRUGES

Après une cité aussi exceptionnelle que Bruges, toute autre ville de la région ne pourra que vous décevoir. Il existe cependant quelques endroits dignes d'être explorés, dont la plupart ne sont qu'à quelques kilomètres de Bruges. Un peu plus loin, vous pourrez visiter Furnes ou les champs de bataille de la Première Guerre mondiale autour d'Ypres; il existe des voyages organisés en car mais peut-être préférerez-vous y aller en voiture. Pour en savoir plus sur Bruxelles, Anvers et la côte belge, consultez le *Guide de Voyage Berlitz*.

Tillegembos

L'autobus n° 25 vous conduira à la forêt de Tillegembos, dans la banlieue de Saint-Michel (*Sint-Michiels*), au sud-ouest de Bruges. Ses 81 ha offriront une véritable retraite rurale aux touristes épuisés par l'agitation de la ville. Des sentiers balisés traversent cet ancien domaine privé, qui comporte un lac avec une auberge au bord de l'eau, des aires de jeux pour enfants et un moulin actionné par des animaux. On y trouve enfin un élégant château du XIVe siècle, entouré de douves, qui abrite le siège de l'Office du tourisme de Flandre-Occidentale.

☛ Loppem

A 3 km au sud de Bruges, le château de Loppem constitue un superbe exemple d'architecture néogothique. Dessiné par August Pugin (l'architecte du Parlement de Londres), il fut réalisé par Jean Béthune entre 1858 et 1863. On est frappé par sa verticalité, avec ses innombrables avant-toits, toits et pinacles – un effet renforcé par le reflet du château dans le lac qui se trouve à ses pieds. Sa décoration intérieure est somptueuse, l'accent étant mis sur le bois des plafonds et des meubles. Ne ratez pas la chapelle privée et le grand hall, d'une taille démesurée.

Damme

En saison, vous pouvez vous rendre dans ce joli village, à 7 km au nord-est de Bruges, en pédalo (sur le canal à partir de Noorwegse Kaai), en autobus, à vélo ou à pied (en longeant le canal). Les routes menant au village sont bordées d'arbres écimés, tous tordus au même endroit par le vent qui balaye ce pays plat. Jadis avant-port de Bruges, Damme respire encore la prospérité qui le caractérisait au Moyen Age, et sa place du marché accueille de beaux édifices et de bons restaurants. Avec son moulin et son canal gelé en hiver, parfait pour le patin à glace, Damme correspond à l'idée que l'on se fait d'un village de Flandre.

Le château de Loppem, à l'intérieur duquel on admire un mobilier d'une rare richesse.

D'excellents restaurants font face au charmant Hôtel de ville de Damme.

C'est dans la Kerkstraat, la grand-rue du village, que se situe l'adorable **Hôtel de Ville** (*Stadhuis*) de Damme, bâti en 1468 et ayant une tour à chacun de ses quatre angles. Sa façade de grès blanc arbore des statues de comtes de Flandre, parmi lesquels Charles le Téméraire et Marguerite d'York, ainsi qu'un cadran solaire du XVe siècle. Deux pierres de justice sont suspendues à un angle: elles étaient jadis attachées au cou ou aux pieds de femmes aux mœurs dissolues, que l'on promenait dans le village. L'intérieur de l'édifice abrite quelques portes en bois sculpté, d'origine. A la droite du bâtiment, la **Grote Sterre** («grande étoile»), une maison du XVe siècle à deux pignons, servit de résidence au gouverneur espagnol au XVIIe siècle. Ravagée par une tempête en 1990, elle a été remise à neuf et abrite maintenant l'Office du tourisme. Plus bas, au n° 13, vous découvrirez la demeure du XVe siècle où se déroula la réception du mariage de Charles le Téméraire et Marguerite d'York, en 1468.

De l'autre côté de la rue, en contrebas de l'Hôtel de Ville, se dresse l'**hôpital Saint-Jean** (*St Jan's Hospitaal*). Fondé en 1249, il abrite une chapelle baroque et un musée où sont exposés des peintures, des objets liturgiques et des livres sacrés. Du musée, vous verrez la tour de l'**église Notre-Dame** (*Onze Lieve Vrouwkerk*), que vous atteindrez en remontant la rue. Cet édifice a connu bien des vicissitudes, et notamment un incendie allumé en 1578 par les soldats du prince d'Orange. L'église fut en partie démolie en 1725 et seule la tour resta debout, envahie par les choucas et les mauvaises herbes. La nef, séparée, a été restaurée et peut être visitée en été.

Des panneaux mènent à l'ancien marché de harengs et ses maisons aux murs blancs, bâties autour de la première pompe publique qui ait fourni de l'eau potable au village.

Le saillant d'Ypres

Au sud-ouest de Bruges, du côté de la frontière française, s'étend le saillant d'Ypres, qui fut le témoin de la «mêlée des Flandres», une série de combats acharnés menés de 1914 à 1918 par les troupes britanniques et alliées. En visitant ces lieux, on ne peut que penser aux millions de personnes qui périrent lors de la Première Guerre mondiale. Les interminables alignements de tombes dans les cimetières régionaux en rappellent toute l'atrocité. Que vous ayez des ancêtres enterrés là-bas ou non, la sérénité qui règne dans ces endroits, symboles de la fin des souffrances, et la solidarité qui unit les soldats dans la mort feront de votre visite un moment émouvant.

Diverses visites guidées en car au départ de Bruges vous feront découvrir certains cimetières, villes et mémoriaux. Si vous souhaitez prendre votre temps et visiter des endroits en particulier, il faudra utiliser votre propre voiture (ou votre bicyclette) et suivre la «Route 14-18», un circuit balisé qui parcourt les champs de bataille du saillant d'Ypres. Notez

La force du vent: la prospérité et le charme de Damme en dépendent…

cependant qu'il en reste peu de traces.

Ypres (*Ieper*) est un nom qui reste à jamais gravé dans la mémoire collective. Cette ville, lieu d'incessantes attaques et contre-attaques, est sortie totalement dévastée de la Première Guerre mondiale, et il fallut 40 années pour la reconstruire. Il ne reste rien de la vieille cité mais le centre-ville moderne offre une large et agréable place du marché (*Grote Markt*), ainsi qu'un imposant Hôtel de Ville (*Stadhuis*). Si vous avez un peu de temps, visitez le **musée du Saillant**, dans l'Hôtel de Ville. L'absence d'exposition spectaculaire est compensée par des images poignantes de la campagne dévastée et par d'émouvants souvenirs, tels que des billets de banque, des képis ou des boutons. Près du Grote Markt se dresse un mémorial: la **porte de Menin**, qui fut érigée sur l'emplacement d'une brèche à travers laquelle des milliers d'hommes purent se rendre au saillant d'Ypres. Conçue par Reginald Blomfield, cette façade de style classique comporte une grande arche avec trois portails à ciel ouvert. Vous y verrez les noms de 55 000 soldats alliés morts au combat et sans tombe.

Au sud-est d'Ypres, près de Zillebeke, se trouve **Hill 62**, le mémorial aux victimes canadiennes de la guerre. Tout près de cette colline, le cimetière militaire de **Sanctuary Wood** abrite des vestiges des tranchées. Traversez Zillebeke et vous atteindrez **Hill 60**, où un monument au bord de la route rend hommage aux soldats australiens tombés au champ de bataille. Derrière s'étend un terrain constellé de monticules et de dépressions provoqués par des bombes; vous y verrez des ruines de bunkers. Cette colline à l'importance stratégique, où paissent aujourd'hui des moutons, fut maintes fois prise et reprise durant le conflit. Un cercle de bouleaux argentés poussent ici, les pieds dans l'eau, à l'image d'un mémorial naturel.

A 10 km au nord d'Ypres, quittez la N332 avant Passendale pour vous diriger vers le plus vaste cimetière militaire du monde, **Tyne Cot**. Conçu par sir Herbert Baker, il rappelle un cimetière anglais traditionnel. Sa croix du Sacrifice se dresse à l'emplacement de l'usine d'engrais reprise par les Australiens en 1917. Elle domine les 12 000 tombes blanches alignées sur le gazon, les stèles des soldats inconnus portant l'inscription: «Un soldat de la Grande Guerre, seulement connu de Dieu». Un mur en arc de cercle comportant les noms de 35 000 soldats portés disparus ferme l'extrémité du cimetière. Aménagé sur une hauteur, le site offre une très jolie vue sur la campagne environnante, aujourd'hui paisible.

Le cimetière allemand de **Langemark**, situé à 16 km au nord d'Ypres, contient quelque 44 000 tombes de soldats ennemis, plus de la moitié de ces hommes reposant dans une fosse commune. L'endroit est appelé le cimetière des Etudiants car les nombreux Allemands morts à Langemark en 1914-15 étaient pour la plupart jeunes. Les pierres tombales sont posées à plat dans l'herbe, sous des arbres. On voit aussi les vestiges de trois bunkers.

Plus au nord-ouest, à 4 km de Dixmude, le cimetière allemand de **Vladslo** abrite 25 000 tombes et une touchante sculpture de Käthe Kollwitz appelée *Parents en deuil* (le fils de l'artiste repose dans ce cimetière).

La région abrite plus de 150 cimetières militaires et l'on peut dire que le saillant d'Ypres appartient plus aux morts qu'aux vivants.

Furnes

Située à 6 km de la frontière française, Furnes est une ville qui compte à peine plus d'habitants que Damme. Elle s'est développée autour d'une forteresse bâtie au IXe siècle et possède l'une des plus belles places de marché de Belgique. Chaque dernier dimanche de juillet, la procession des Pénitents recrée des scènes de la passion du Christ. Cette cérémonie évoque la célébration hispanique de la *Semana Santa* et rappelle que la ville servit jadis de garnison aux Espagnols. D'autres processions ont lieu à Pâques et pendant le carême.

La plupart des lieux intéressants sont situés sur la place du marché centrale (*Grote Markt*) ou à côté. C'est aussi là que sont rassemblés les principaux cafés et restaurants de la ville, ainsi que l'Office du tourisme, où vous pourrez acheter vos billets pour une visite guidée à pied ou en fiacre (l'été).

La brique jaune de Flandre est ici associée à un style architectural sobre, d'influence espagnole. Sur le Grote Markt, vous verrez les pignons de l'**Hôtel de Ville** (*Stadhuis*), dont la belle loggia en pierre bleue contraste avec le reste de l'édifice, fait de pierre jaune (et sale). Le bâtiment est ouvert au public; à ses murs sont accrochés des objets en cuir, venant de Cordoue.

Accolé au Stadhuis, l'**hôtel de région** (*Landhuis*) fut érigé en 1616; son clocher gothique est surmonté d'une flèche de style baroque. A côté, se dresse une rangée de cinq maisons à pignons à redans, les fenêtres de chacune d'elles étant bordées de colonnes à motifs différents. Leurs rez-de-chaussée sont occupés par des cafés qui installent leurs tables sur la place lorsqu'il fait beau. Au nord-est de la place, le **Pavillon espagnol** abritait au XVIIe siècle le commandement de l'ar-

Le canal reliant Bruges à Gand est encore une voie de communication importante entre les deux villes.

mée espagnole. L'édifice à volets, en face, est le **marché de la viande** (*Vleeshuis*); bâti en 1615, cet ouvrage Renaissance sert de bibliothèque.

La grande tour inachevée de l'**église Saint-Nicolas** (*Sint-Niklaaskerk*) se dresse sur la place adjacente, l'Appelmarkt. Depuis le sommet du clocher du XIIIe siècle, doté d'un carillon, on jouit d'une belle vue sur la ville. Furnes offre une autre église: **Sainte-Walburge** (*Sint-Walburgakerk*). Elle se révéla être, dès le début de son édification en 1250, un projet trop ambitieux pour la ville – sa nef mesure 27 m. L'intérieur est plus remarquable par sa taille que par ses objets, mise à part une belle chaire baroque.

GAND

Gand, chef-lieu de la Flandre-Orientale, se dresse au confluent de l'Escaut et de la Lys. Contrairement à sa voisine et traditionnelle rivale, elle ne vit pas que du tourisme. Bien qu'elle connût le même déclin économique que Bruges, elle sut par la suite exploiter de nouvelles sources de richesse; c'est notamment la ville de Belgique qui profita le plus de la révolution industrielle du XIXe siècle. Aujourd'hui une cité aux intérêts économiques variés, Gand a toutefois le souci de préserver son cœur historique; elle aborde l'avenir avec optimisme et reste fière de son passé. Il faut dire qu'elle possède de superbes édifices historiques, avec lesquels seuls ceux de Bruges peuvent rivaliser. Nombre d'entre eux sont en cours de rénovation et nécessitent des travaux énormes, ce qui ajoute à l'impression d'aventure que l'on ressent en partant à la découverte de cette ville frémissante d'activités.

Au moindre rayon de soleil, les cafés de Gand installent leurs tables sur le trottoir, ce qui confère à la ville un caractère quasi méditerranéen. Sa communauté étudiante lui procure une ambiance plus animée que celle de Bruges.

Le marché aux fleurs et aux oiseaux de Kouter attire de nombreux passants.

Les visiteurs qui ont apprécié la petitesse de Bruges et la possibilité de la visiter à pied seront heureux d'apprendre que les hauts lieux de Gand sont également à une courte distance les uns des autres. Les excursions que nous présentons partent de la place Saint-Bavon. La «cuve de Gand», le cœur historique de la cité, se trouve au nord-ouest de cette place, autour du Y que forme le confluent des deux cours d'eau. Ce quartier est fait de ruelles et venelles tortueuses, tandis qu'au sud se trouvent d'élégants boulevards bordés de grandes demeures.

La place Saint-Bavon

En arrivant sur la place Saint-Bavon, vous trouverez: du côté est, la cathédrale Saint-Bavon; à l'ouest, le Beffroi et la halle aux Draps; au nord, le Théâtre royal de Flandre; et au sud, le mémorial à Jan Frans Willems, le fondateur du Mouvement flamand. Au n° 10, où se trouvait jadis le plus ancien théâtre de Gand, se dresse à présent le **palais Hamelinck**, construit en 1739 (un buste de la déesse Junon orne le pignon).

La cathédrale Saint-Bavon

Il fallut plusieurs siècles pour édifier la **cathédrale Saint-Bavon** (*Sint-Baafs-kathedraal*), un édifice de style principalement gothique, fait de brique et de granit. Le chœur date du XIVe siècle, le clocher et la nef

Une statue de Van Artevelde domine la foule.

du XVe et le transept du milieu du XVIe siècle. C'est la plus belle des nombreuses églises de Gand, sans compter que ce magnifique écrin recèle un fabuleux trésor. La simple vue de sa nef vous fera oublier vos pieds endoloris. Une régulière alternance de lumière et de pierre guidera votre regard à travers cet espace et jusqu'à ses merveilleuses voûtes de style gothique tardif. Le clocher, qui offre à son sommet un superbe panorama sur la ville, abrite un carillon, tandis que la crypte a conservé certaines caractéristiques de l'église romane originale.

Ne manquez sous aucun prétexte le plus grand trésor de la cathédrale: le Retable de Gand (1432) aussi appelé *L'Agneau mystique*. Situé dans une chapelle à la gauche de l'entrée principale, ce merveilleux polyptyque est considéré comme la pièce maîtresse de l'œuvre gothique de Jan Van Eyck. Cependant, l'attribution de ce retable à Van Eyck est contestée car une inscription sur son cadre indique qu'il fut commencé par Hubert Van Eyck et terminé par son frère Jan. Or il n'existe aucune preuve formelle de l'existence d'Hubert et, selon certains, il aurait été inventé par les citoyens de Gand, jaloux de Bruges qui monopolisait alors les services de Jan. De plus, il est difficile d'imaginer que le génie de Van Eyck

L'impressionnante façade de la cathédrale Saint-Bavon vue de l'extérieur.

ait été surpassé par un de ses contemporains qui, par ailleurs, n'aurait laissé aucune autre œuvre significative.

Qu'est-ce qui fait donc la particularité de cette magnifique œuvre? D'après E. H. Gombrich, historien de l'art, Van Eyck atteignit ici «l'ultime conquête de la réalité» dans la tradition gothique nordique. A la différence des maîtres italiens de l'époque, Van Eyck n'adopta pas une approche scientifique de la perspective, entre autres exemples, le clavier dont joue l'ange du panneau

Détail du Retable de Gand, chef-d'œuvre de Van Eyck et joyau de la cathédrale.

de droite n'a aucune profondeur. C'est plutôt dans son accumulation de détails minutieux que cette œuvre tranchait avec les autres conceptions artistiques médiévales et créait un précédent en matière de réalisme. Et en effet, plus l'on se rapproche du retable, plus l'on découvre de détails. Les chevaux et les hommes semblent vraiment faits de chair et de sang. Les fleurs et les arbres sont d'une exactitude saisissante, et les portraits que l'on voit aux extrémités constituent des représentations sans complaisance aucune du couple de commanditaires de l'œuvre.

La scène est dominée par la représentation de Dieu le Père, sage et bienveillant, et il émane de ce retable une profonde humanité et un merveilleux optimisme. Admirez l'oeuvre de près et en cherchant bien, vous trouverez sans doute la cathédrale de Bruges, peinte sur le panneau central.

Que vous vous précipitiez d'entrée vers le polyptyque de Van Eyck ou que vous ayez la force de le garder pour la fin, sachez que la cathédrale abrite de nombreuses autres œuvres d'art. A l'extrémité gauche du chœur, la *Conversion de saint Bavon*, triptyque exécuté par Rubens en 1624, est tout imprégné du lyrisme qui caractérise l'œuvre de cet artiste; le converti portant la cape rouge est en fait un autoportrait du maître. Dans la partie droite du chœur, au-delà du transept, vous trouverez *Jésus au milieu des docteurs*, peint par Frans Pourbus en 1571. On y voit le jeune Jésus étonnant les anciens du temple par son savoir et sa sagesse, mais c'est son auditoire qui attirera votre attention: il recèle des sommités de l'époque de Pourbus, tels Philippe II et Charles Quint, Thomas Calvin et même le grand rival de l'artiste, Pieter Bruegel l'Ancien. Visitez la crypte qui abrite le *Triptyque du Calvaire*, réalisé en 1466 par Justus Van Gent, peintre qui s'inspira manifestement de l'œuvre de Van Eyck.

Vous pourrez également admirer de magnifiques sculptures, et notamment la chaire baroque en chêne et en marbre, le chef-d'œuvre de Laurent Delvaux complété en 1741. L'enchevêtrement et le dynamisme des motifs sculptés entraînera

votre regard jusqu'à l'endroit où se tenait le prédicateur. Juste au-dessus, pousse un arbre du savoir en marbre blanc, doté de fruits et d'un serpent dorés. Sur le maître-autel, de style baroque, se trouve une statue de Hendrik

Le Beffroi de Gand, vieux de 600 ans, est le symbole de l'indépendance de la ville.

Frans Verbruggen, représentant saint Bavon.

Le Beffroi et la halle aux Draps

Face à la cathédrale se dresse le **Beffroi** (*Belfort*), achevé en 1380 et depuis lors le symbole prééminent de l'indépendance de Gand. De mars à novembre, un ascenseur effectue l'ascension vertigineuse jusqu'à la plateforme de la tour, à 91 m du sol, d'où vous jouirez d'une vue spectaculaire sur la ville. Depuis l'édification du bâtiment, la flèche de la tour est coiffée d'un dragon en cuivre doré, mais la girouet-

Une vue étourdissante de la ville, telle qu'elle apparaît du sommet du Beffroi (91 m).

te actuelle et les quatre statues d'hommes qui gardent la plate-forme sont des copies modernes. La flèche fut rénovée au début de notre siècle selon les plans originaux du XIVe. Faites une halte au quatrième étage, qui abrite le mécanisme de l'horloge et le carillon à 52 cloches.

Du côté nord du Beffroi, vous découvrirez l'entrée de l'ancienne prison, au-dessus de laquelle est sculpté un bas-relief symbolisant la charité chrétienne. Connu sous le nom de «Mammelokker», il représente Cimon, un vieil homme condamné à mourir de faim, en train d'être allaité par sa propre fille.

Tout comme le Beffroi, la **halle aux Draps** (*Lakenhalle*) reflète parfaitement la fierté collective et la richesse commerciale de la ville. Restauré en 1903, ce bâtiment date de 1441. C'est ici que les marchands de laine et de drap se réunissaient. Aujourd'hui, il n'y a malheureusement pas grand-chose à découvrir à l'intérieur, si ce n'est une brève présentation audiovisuelle racontant l'histoire de Gand.

Au nord de la place Saint-Bavon

Le Botermarkt et Hoogpoort

Depuis la halle aux Draps, traversez la route: vous êtes sur le Botermarkt (place du marché au Beurre), où se dresse juste devant vous l'imposant **Hôtel de Ville** (*Stadhuis*), tout de pilastres et de fenêtres. Ayant subi plusieurs ajouts ou modifications au fil des siècles, cet édifice a cependant conservé une certaine homogénéité architecturale. C'est pourtant un immense puzzle de styles différents: la plus vieille partie du bâtiment (donnant sur Hoogport) date du début du XVIe siècle et, avec ses motifs fleuris et ses statues ornées, elle évoque le Stadhuis de Bruges. En 1539, des troubles religieux liés à la fin du commerce de la laine et au déclin économique de la ville provoquèrent l'arrêt des travaux. Ceux-ci ne reprirent que 60 ans plus tard et les plans de Rombout Keldermans (qui prévoyaient la disposition de statues dans chaque niche et des fenêtres pleines de fioritures) ne furent jamais exécutés. L'étape suivante fut la construction de la façade Renaissance qui donne sur le Botermarkt; le XVIIIe siècle vit l'édification de la façade baroque au coin d'Hoogpoort et de Stadhuissteeg, puis du flanc rococo en face du Poeljemarkt. L'Hôtel de Ville constitue une bonne introduction historique aux musées de Gand puisque c'est du haut d'un de ses balcons que fut proclamé le traité de Pacification de Gand (voir p.16). A l'intérieur, vous pourrez visiter la salle du Trône, ainsi que l'imposante salle du Collège des états de Flandre.

Au nord de l'Hôtel de Ville et de la place Saint-Bavon, prenez Hoogport, qui remonte vers le nord-ouest en passant devant de belles demeures. Au coin de la place, admirez **Sint-Jorishof**, l'ancienne maison de la corporation des Arbalétriers aménagée en hôtel et construite en 1477. C'est dans cette maison que Marie de Bourgogne dut accorder une charte de liberté aux villes drapières de Flandre (voir p.15). Au n° 10 de Hoogport, vous admirerez **De Ram**, une maison bâtie par un apothicaire en 1732. La façade est sculptée d'une lampe (l'emblème traditionnel des apothicaires) et de portraits du botaniste Carolus Clusius. Plus loin, des notes de musique émanent d'un grand édifice, le Conservatoire royal de musique de Gand; pendant l'année scolaire, vous remarquerez le manège des étudiants, chargés de toutes sortes d'instruments.

Autour du Groentenmarkt et du Korenmarkt

Remontez Hoogpoort jusqu'au Groentenmarkt, l'ancien marché aux Poissons et l'endroit où, au Moyen Age, se dressait le pilori. Sur le flanc ouest de la place, la **Groot Vleeshuis**

Les promenades en bateau le long des canaux de Gand permettent de voir la ville d'un autre œil.

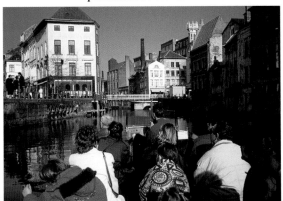

(Grande Boucherie) comprend plusieurs bâtiments à pignons datant de 1406 et restaurés en 1912. On y trouve le marché couvert des viandes, la maison de la corporation et une chapelle. De nos jours, le toit pentu et les pignons à redans du marché rénové abritent des cafés, des étals et des boutiques.

Le Korenmarkt (marché aux Grains) est relié au Groentenmarkt; à son extrémité sud se trouve l'**église Saint-Nicolas** (*Sint-Niklaaskerk*). C'est ici que le pont Saint-Michel (*Sint-Michielsbrug*) enjambe la Lys. Ce quartier offre une des vues les plus pittoresques sur la ville: vous verrez les tours du Beffroi et de Saint-Bavon, les quais aux Grains (*Korenlei*) et aux Herbes (*Graslei*), ainsi que l'inquiétante silhouette du château des comtes. Par-delà le pont se dresse l'**église Saint-Michel** (*Sint-Michielskerk*).

Les plus anciennes parties de l'église Saint-Nicolas remontent au XIIIe siècle mais l'édifice ne fut achevé qu'au XVIIIe, époque à laquelle fut réalisé son maître-autel d'un style baroque débordant de vitalité. Par beau temps, l'église est envahie d'une merveilleuse lumière. Plusieurs corporations et la chambre de rhétorique De Fonteyne y partageaient jadis une chapelle, et derrière l'église, au Goudenleeuwplein 7, se situe leur lieu de réunion, une maison Renaissance construite en 1539.

Bâtie de l'autre côté de la Lys, l'église Saint-Michel est en quelque sorte l'opposée de l'église Saint-Nicolas. Visitez-la ne serait-ce que pour admirer sa *Crucifixion*, réalisée par Van Dyck en 1629. Cet artiste est plus réputé pour ses portraits que pour ses œuvres d'art religieux, mais dans ce tableau, sa mélancolie caractéristique est transcendée en une profonde tristesse par le sujet qu'est la Passion du Christ. Vous pourrez aussi y admirer des œuvres de Crayer.

A deux pas de cette église, dans Onderbergen, se trouve le **Pand**, qui fut jadis un monastère dominicain. Les bâtiments les plus anciens faisant partie de cet ensemble, aujourd'hui propriété de l'université de Gand, datent du XIIIᵉ siècle. Les moines n'auraient pu élire domicile dans un endroit plus agréable, avec les eaux de la Lys qui clapotent à proximité.

Le Korenlei et le Graslei

Faites une halte au milieu du pont Saint-Michel pour admirer la rivière en direction du nord. Les quais qui longent les berges de ce cours d'eau sont bordés de maisons de corporations médiévales toutes plus belles les unes que les autres. Le Korenlei (à gauche) et le Graslei (à droite) forment le

Inondé de lumière, l'autel de l'église Saint-Nicolas révèle sa majesté.

plus vieux port de Gand: le **Tussen Bruggen** («Entre les ponts»). C'était le centre commercial de la ville au Moyen Age et les corporations y firent donc construire leurs maisons. Après réflexion, peut-être une bâtisse vous plaira-t-elle plus que les autres, mais le choix ne sera pas facile! Parmi les plus remarquables du Korenlei, on trouve au n° 7 la **maison des Bateliers** (*Gildehuis Van de Onvrije Schippers* – 1739), un bel exemple du baroque flamand, avec son pignon décoré de spectaculaires dauphins et lions et surmonté d'un bateau doré. Au n° 9, **De Zwane** (Le Cygne), une ancienne brasserie du XVIᵉ siècle, comporte deux jolis astragales en forme de cygne ornant son pignon. Avant de traverser la rivière, jetez un œil vers les maisons encore plus

Ces boucliers, représentant les corps de métier, ornent certaines bâtisses de Gand.

belles du Graslei. Une fois là-bas, vous verrez de près la **maison des Francs-Bateliers** (*Gildehuis Van de Vrije Schippers* – 1531), de style gothique ainsi que, juste à côté, la **maison des Mesureurs de grain** (*Gildehuis Van de Graanmeters*), baroque, remontant à 1698 (à ne pas confondre avec l'autre maison des Mesureurs de grain, bâtie en haut de la rue en 1435). Le petit **Tonlieu** (*Tolhuisje*), édifié en 1682, renoue pour sa part avec le style Renaissance. L'ouvrage avoisinant est la **maison de l'Etape du blé**, ou **Het Spijker** (de style roman datant d'environ 1200), alors qu'en face se dressent la maison des Mesureurs de grain (*Korenmetershuis* – qui abrite maintenant un restaurant) et la **maison de la corporation des Maçons** (*Gildehuis Van de Metselaars*, 1527), de style gothique.

Au nord du Korenlei

A son extrémité nord, le Korenlei se sépare en deux. Situé au n° 5 de Jan Breydelstraat, le **musée des Arts décoratifs** (*Museum voor Sierkunst*) occupe une maison bâtie en 1755 par la famille de Coninck. Il est dédié à la décoration intérieure et à l'ameublement jusqu'au XIXᵉ siècle. Il possède des pièces décorées en style d'époque et une aile consacrée aux meubles modernes. On y voit beaucoup d'objets ayant appartenu à des personnages historiques, tels Catherine II de Russie ou Louis XVIII (menacé par les manœuvres de Napoléon Bonaparte, le roi de France s'était réfugié à Gand). La section la plus vieille abrite un lustre rococo en bois sculpté aux fioritures mémorables, mais la pièce la plus reposante et la plus harmonieuse est celle qui présente le style Empire. L'aile récente qui recèle le mobilier moderne intègre les anciens murs dans un décor imaginatif et enthousiasmant, avec des balcons intérieurs et des passerelles de style international évoquant un paquebot transatlantique. Les objets qui y sont exposés sont aussi innovateurs comme par exemple un curieux fauteuil recouvert d'une housse qu'on croirait faite de peaux de bananes!

Dans Burgstraat, la rue adjacente, le pignon Renaissance de la **maison des Têtes couronnées** (*Huis der Gekroonde Hoofden*) dispose d'une galerie de portraits des comtes de Flandre. La rue Gewad vous mènera ensuite dans Prinsenhof, où vous passerez sous la **Porte sombre** (*Donkere Poort*): c'est tout ce qui reste du **palais de Prinsenhof**, un édifice habité par Charles Quint et les comtes de Flandre depuis 1353. La rue se termine à l'**écluse de Rabot**, l'un des endroits les plus emblématiques de Gand: c'est ici que l'armée de l'empereur Frédéric III fut repoussée par les citoyens de la ville. Pour se défendre, les Gantois avaient ouvert l'écluse, isolant la ville à la manière d'une île. Les impressionnantes tours rondes de cette écluse, bâtie en 1489, contrastent avec les pignons à redans du quartier. Quelques bâtiments modernes dominent l'ensemble, mais l'écluse (rénovée) compte toujours parmi les grands sites qui jalonnent les croisières sur les canaux au départ du Graslei.

Le château des comtes (Gravensteen)

Un sentier pédestre calme longeant Sint-Antoniuskaai aboutit dans Augustijnenkaai, puis au **château des comtes**, forteresse entièrement rénovée. Avec ses imposantes fortifications comprenant des tours cylindriques à créneaux et un troublant donjon, ce château constitue une présence à la fois imposante et inquiétante. L'édification débuta en 1180 à la demande de Philippe d'Alsace, à l'emplacement d'un ancien château datant du IXᵉ siècle, et son dessin est inspiré des châteaux construits par les croisés en Palestine. Pour un grand bol d'air et une belle vue sur la ville, montez au sommet de ses remparts. Un tunnel conduit à la cour centrale, entourée de murailles à tourelles, et l'on accède au donjon par un escalier en colimaçon. Cette tour abrite les appartements des comtes de Flandre, et notamment la splendide salle dans laquelle Philippe le Bon donna en 1445 un grand banquet en l'honneur des chevaliers de la Toison d'or. On peut également visiter une exposition d'instruments de torture (que certains enfants trouveront probablement fascinants!), ainsi que le cul-de-basse-fosse. Suivez les indications pour éviter de vous perdre dans ce dédale surprenant d'escaliers sombres, de pièces obscures et de passages étroits.

Du Kraanlei au Vrijdagmarkt

Entre le château et le Kraanlei se trouve Sint-Veerleplein. Du temps de l'Inquisition, cette place voyait une alternance de marchés et de séances lors desquelles on brûlait les hérétiques. Au n° 5, se situe l'ancien marché

Le château des comtes, autrefois redouté, est de nos jours visité avec plaisir.

aux Poissons, construit en 1689 dans un style baroque exubérant (remarquez le Neptune au-dessus de l'entrée). Le Kraanlei est bordé de belles demeures, parmi lesquelles une maison-Dieu (au n° 65) qui abrite à présent le **musée du Folklore** (*Museum voor Volkskunde*). Fondé en 1363 et joliment restauré, cet ancien hôpital pour enfants comporte 18 maisonnettes toutes reliées entre elles et disposées autour d'une cour centrale. Chaque pièce est décorée dans le style 1900 et l'on y trouve des objets et outils utilisés par les artisans dans leur vie quotidienne, ainsi que les quelques objets de luxe qu'ils pouvaient s'offrir. On peut également visiter des reconstitutions d'ateliers, salles à manger, salons et boutiques de l'époque.

Dans le Kraanlei, ne manquez pas non plus les maisons aux n°s 1 à 13, qui furent construites entre les XIVe et XVe siècles. La maison qui se situe au n° 75 s'appelle De Klok; elle est ornée de représentations allégoriques de l'Amour, de la Foi et de la Justice, comme le sont aussi les maisons aux n°s 77 et 79.

Gand, ville fleurie

Les Belges ont la réputation d'avoir la main verte. Dès le XVIe siècle, des plantes étaient cultivées dans les environs de Gand dans des orangeries, les ancêtres des serres. Les Floralies de Gand ont lieu tous les cinq ans au parc des expositions de la ville. Il est difficile de croire que cet événement sophistiqué date de 1809; pourtant, cette année-là, une cinquantaine de plantes étaient exposées dans une auberge. Aujourd'hui, des milliers de visiteurs viennent admirer les agencements floraux, les fontaines, les jardins et les étranges forêts de l'exposition. Inspirés par cette profusion de fleurs, les Gantois vont tous les dimanches à Kouter (où se tient depuis le XVIIIe siècle un marché aux fleurs et aux oiseaux) afin d'embellir leurs jardins.

Traversez la Lys par le pont nommé Zuivelbrug, et vous atteindrez Grootkannonplein, une place où vous découvrirez **Mad Meg**, un canon de 16 tonnes, fondu au XVe siècle. Soutenu par trois socles de pierre, il est parfaitement inoffensif, comme il l'a d'ailleurs toujours été; les canons de l'époque étaient en effet réputés pour leur manque de précision, et celui-ci se fendit lors de son baptême du feu! A quelques pas de là, le **marché du Vendredi** (*Vrijdagmarkt*) possède de belles maisons de corporations et en son centre trône une statue du XIXe siècle du héros gantois Jacques Van Artevelde. L'édifice de style Art nouveau appelé **maison du Peuple** (*Ons Huis*) fut bâti en 1900 par le parti socialiste; bien que trop grand pour la place, il est assez élégant. Parmi les maisons anciennes, admirez celles situées aux nos 22 et 43-47, qui datent respectivement des XVIIe et XVIIIe siècles.

C'est ici que les comtes de Flandre prêtaient jadis serment devant les citoyens de Gand. Au bout de la Koningstraat, une rue qui rayonne depuis la place, vous verrez la **Koninklijke**

Ces maisonnettes blanchies à la chaux abritent maintenant le musée du Folklore de Gand.

Vlaamse Academie, une maison baroque délabrée mais impressionnante, avec sa façade tournée vers vous.

Située à l'est du Vrijdagmarkt, l'**église Saint-Jacques** (*Sint-Jakobskerk*), la plus vieille église de Gand, occupe toute une place. Sa structure est surtout romane mais, comme ce fut le cas pour de nombreuses églises, sa construction dura plusieurs siècles, pour ne s'achever qu'au XVe siècle.

Au sud du Vrijdagmarkt

En sortant de l'église, prenez à droite sur Belfortstraat puis à gauche dans Nederpolder; au n° 1 de la rue se trouve le **palais Vanden Meersche**. Il fut construit en 1547 mais sa jolie petite cour rococo (si vous avez la chance de la voir) ne fut ajoutée qu'au XVIIIe siècle. Juste en face, au n° 2, se dresse une maison d'un style opposé: la **Kleine Sikkel** (Petite Faucille), un édifice roman du XIIIe siècle.

Au bout de Nederpolder, vous atteindrez le canal et la Reep. Tournez à droite et allez jusqu'au **château de Gérard le Diable** (*Geraard de Duivelhof*), une demeure fortifiée qui dresse ses tourelles le long du canal. C'est le régisseur des ducs de Flandre, connu sous l'affectueux sobriquet de Gérard le Diable, qui bâtit ce château. Il servit d'asile pour aliénés mentaux et abrite à présent les archives de l'Etat pour la Flandre-Orientale, qui font sans nul doute bon usage de sa crypte romane.

Descendez la rue jusqu'au confluent de l'Escaut et de la Lys et traversez le Slachthuisbrug pour voir les ruines de l'**abbaye Saint-Bavon** (*Sint-Baafsabdij*). Fondée en 630 par saint Amand, elle fut jadis la plus puissante abbaye de Flandre. Elle a été tant de fois détruite, transformée et rebâtie au cours des siècles qu'il n'en reste pas grand-chose, à part quelques vestiges du cloître, du lavatorium (où se lavaient les moines), de la salle capitulaire et du réfectoire.

Au sud de la place Saint-Bavon

Certains des musées situés au sud de la place Saint-Bavon n'intéresseront que les spécialistes ou les passionnés, confirmant ainsi la réputation de la Belgique en tant que nation de collectionneurs. Même les musées plus accessibles ne sont pas forcément bien agencés, avec leur contenu disposé au hasard et leurs commentaires en flamand. Toutefois, ils présentent de superbes expositions, à ne pas manquer.

Autour de Veldstraat

Veldstraat, qui part de l'église Saint-Nicolas et se dirige droit vers le sud, est la principale artère commerçante de Gand. C'est une rue piétonne, mais prenez garde aux tramways! Parmi les nombreux bâtiments anciens qui ont conservé leur

aspect d'origine, le plus intéressant du point de vue historique et le plus flamboyant est le **palais D'Hane-Steenhuyse** (XVIIIe siècle). Sa façade rococo, captivante et superbe, n'a d'égale que le pan de mur qui garde son jardin. Cette demeure abrita Louis XVIII (qui fuyait Napoléon Bonaparte), l'écrivain et homme d'Etat français Talleyrand et le tsar de Russie. A vous de décider ce

Dès les premiers rayons de soleil, les terrasses des cafés se remplissent.

qu'ils penseraient des magasins qui se dressent devant leur ancienne résidence… Au n° 82 de la rue, le **musée Arnold Van der Haeghen** abrite les livres du prix Nobel de littérature Maurice Maeterlinck (1862-1949), ainsi que l'œuvre de l'artiste gantois Victor Stuyvaert. Cette maison fut construite en 1741 et le duc de Wellington y emménagea en 1815. Vous y admirerez un joli salon chinois aux murs tapissés de soie et des décorations intérieures datant des XVIIIe et XIXe siècles. Le musée abrite aussi des expositions temporaires.

Prenez à gauche dans Zonnestraat et vous arriverez sur **Kouter**, une place qui s'enorgueillit à juste titre d'offrir le plus grand intérêt historique de la ville. Un nombre étonnant de festivals, tournois et défilés militaires s'y sont déroulés depuis des siècles, et un marché aux fleurs s'y tient chaque dimanche depuis le XVIIIe siècle (vous verrez un nombre incroyable de Gantois achetant des arbustes). Mais peu de bâtiments historiques ont survécu, hormis la maison au n° 29 et l'ancien Opéra royal (à deux pas de la place, dans Schouwburgstraat), inauguré en 1840.

Le musée Bijloke

Schouwburgstraat rallie Veldstraat, qui continue le long de la Lys mais devient Nederkouter. Traversez la rivière dès que vous verrez le panneau pour le **musée Bijloke**. La partie la plus intéressante de ce musée est sûrement le bâtiment lui-même, un ensemble de constructions en brique datant du XIVe au XVIIe siècle, qui formaient autrefois l'abbaye cistercienne de Bijloke. Les expositions, dédiées aux arts de la région de Gand, sont réparties autour du cloître et, bien qu'elles soient organisées un peu à la manière d'un marché aux puces, elles méritent une visite, ne serait-ce que pour admirer les pièces qui les accueillent. La plus belle de ces pièces est le réfectoire du XIVe siècle.

Le musée Bijloke est empli d'objets surprenants, comme cette frégate voguant toutes voiles dehors.

Avec ses murs peints de couleur ocre brun et sa voûte en berceau, il mesure près de 31 m de long et 14 m de haut. Il comporte des fresques réalisées en 1325 par un artiste inconnu, et notamment une *Cène* décolorée mais splendide. Bizarrement, on trouve le tombeau d'un chevalier du XIIe siècle au centre de la pièce. La salle des Corporations, ancien dortoir du couvent, est ornée de superbes insignes processionnels des corporations gantoises (gigantesques lanternes décoratives, gonfalons, blasons) et d'une maquette de bateau, toutes voiles dehors.

☛ *Le musée des Beaux-Arts*

Après 5 ou 10min de marche le long de la rue Charles de Kerchovelaan, vous atteindrez **Citadelpark**. Dans l'angle est de ce parc, face au casino (qui fera le bonheur des parieurs), se trouve le **musée des Beaux-Arts** (*Museum voor Schone Kunsten*), bâtiment qui abrite aussi le **musée d'Art contemporain** (*Museum voor Hedendaagse Kunst*). Comme dans le musée Bijloke, l'agencement des expositions laisse à désirer, mais le musée abrite de magnifiques œuvres. Dans le *Portement de croix*, de Jérôme Bosch, l'artiste s'est intéressé aux personnages qui suivent le Christ au Calvaire, une procession de grotesques. Ici, même sainte Véronique, qui tient le linge avec lequel elle essuie le visage de Jésus (l'empreinte de Son visage est miraculeusement restée sur le tissu), est plus absorbée par l'objet lui-même que par la signification de l'événement qui se déroule. Admirez aussi *Saint Jérôme*, une œuvre antérieure mais moins représentative du même artiste; on y voit le symbole du saint, un lion, qui figure traditionnellement sur les portraits dédiés à Jérôme. Le bien et le mal sont représentés par deux paysages au premier plan et à l'arrière-plan du tableau.

Parmi les œuvres d'autrs artistes flamands et hollandais, remarquez notamment les toiles de Jacob Jordaens, le morceau de bravoure que constitue le *Portrait d'une vieille dame* de Frans Hals, typique de l'exubérant coup de pinceau du maître, ainsi que le sublime *Mariage paysan* et l'*Avocat du village*, à l'air inquiet, de Pieter Bruegel le Jeune. Prenez le temps d'admirer le *Saint François recevant les stigmates* de Rubens, puis comparez sa *Flagellation du Christ* avec le chef-d'oeuvre de Cranach sur le même sujet. Parmi les œuvres plus récentes, ne manquez pas celles de Géricault (dont son *Portrait d'un cleptomane*), Corot, Rouault, Courbet, Ensor et Daumier. Les peintres du groupe Laethem-Saint-Martin (qui étaient installés dans le village du même nom, non loin de Gand) sont également représentés ici.

Les musées de Gand

Château des comtes: *Sint-Veerleplein*. Fantastique château datant de 1180, avec des remparts et un musée. Ouvert d'avril à septembre de 9h à 18h; d'octobre à mars de 9h à 17h. 80 FB. (Voir p.67)

Musée Arnold Vander Haeghen: *Veldstraat 82*. Bibliothèque du prix Nobel de littérature Maeterlinck. Le musée abrite des expositions temporaires. Ouvert du mardi au dimanche de 9h30 à 17h. Gratuit. (Voir p.73)

Musée Bijloke: *Godshuizenlaan 2*. Art et mobilier gantois dans un ancien couvent magnifique. Ouvert du mardi au dimanche de 9h30 à 17h. 100 FB. (Voir p.73)

Musée des Arts décoratifs (Museum voor Sierkunst): *Jan Breydelstraat 5*. Jolie demeure abritant, entre autres, des meubles d'époque et des objets contemporains. Ouvert du mardi au dimanche de 9h30 à 17h. 100 FB. (Voir p.66)

Musée des Beaux-Arts (Museum voor Schone Kunsten): *Citadelpark*. Superbes tableaux du XIVe siècle à nos jours, dont des chefs-d'œuvre de Bosch, Bruegel, Hals et Jordaens. Abrite également le musée d'Art contemporain. Ouvert du mardi au dimanche de 9h30 à 17h. 100 FB. (Voir p.74)

Musée du Folklore (Museum voor Volkskunde): *Kraanlei 65*. Ancien hôpital restauré décrivant la vie de la classe ouvrière vers 1900. Théâtre de marionnettes. Ouvert d'avril à octobre de 9h à 12h30 et de 13h30 à 17h30; de novembre à mars de de 10h à 12h et de 13h30 à 17h. Fermé le lundi. 80 FB. (Voir p.69)

Schoolmuseum Michel Thiery: *Sint-Pietersplein 14*. Musée de l'enseignement. Expositions de fossiles, dinosaures, animaux, minéraux et ordinateurs. Ouvert du lundi au samedi de 9h à 12h15 et de 13h30 à 17h15. Fermé le vendredi après-midi. 80 FB. (Voir ci-contre)

Vous verrez peu de sculptures, mais ne ratez pas un buste de Rodin et un bronze des plus érotiques de Camille Claudel.

Précédemment situé dans une aile séparée du bâtiment, le **musée d'Art contemporain** (*Museum voor Hedendagse Kunst*), est dédié en majorité à la peinture belge depuis 1945, avec des tableaux de Magritte et de Karel Appel. En

Le «Portement de croix» de Jérôme Bosch, exposé au musée des Beaux-Arts.

1999, il traversera la rue, permettant ainsi une réorganisation du musée des Beaux-Arts.

La place Saint-Pierre

En remontant vers le nord, Overpoortstraat vous conduira jusqu'à la place Saint-Pierre (*Sint-Pietersplein*), où le **Centrum voor Kunst en Kultur** présente des expositions d'art permanentes et accueille des événements culturels. Près de là, le **Schoolmuseum Michel Thiery** abrite une collection éclectique d'objets relatifs à l'enseignement des sciences à l'école: dinosaures miniatures, minéraux, fossiles et animaux empaillés. Ce musée est logé dans un bel édifice (l'ancienne infirmerie de l'abbaye Saint-Pierre) récemment rénové. L'église voisine, **Notre-Dame-de-Saint-Pierre** (*Onze-Lieuve-Vrouw Sint-Pieterskerk*), est coiffée d'un splendide dôme de 57 m qui domine les rues aux alentours. Les frères Huyssens, qui dessinèrent et bâtirent cette église baroque en 1719, avaient de l'ambition; leurs plans s'inspiraient de la basilique Saint-Pierre de Rome! L'église est caractérisée par une imposante façade surplombant l'agréable place Saint-Pierre et par un exubérant intérieur baroque.

Depuis cette place, vous rejoindrez Sint-Kwintensberg, Nederkouter et enfin Veldstraat.

EXCURSIONS AU DEPART DE GAND

Grâce à sa situation centrale, à proximité de la capitale, et son excellent réseau de communications routières et ferroviaires, Gand est un point de départ idéal pour de nombreux autres endroits des plus intéressants; la plupart ne se situant qu'à quelques kilomètres du centre-ville. Pour en savoir plus sur Bruxelles, Anvers et la côte belge, consultez le *Guide de voyage Berlitz*.

Le château de Laarne

A 13 km à l'est de Gand et desservi par le car n° 688 au départ de la gare Saint-Pierre, le château de Laarne est l'une des forteresses à douves les mieux préservées de Belgique. Le pentagone d'origine, bâti au XIIe siècle pour défendre la ville de Gand, reçut des ajouts au XVIIe siècle. Ses tours équipées de tourelles pointues font penser à un château de contes de fées, mais le reste de l'édifice, avec ses fenêtres à meneaux régulièrement espacées, évoque un manoir important et confortable. Un pont de pierre à plusieurs arches mène au donjon, au pied duquel se trouvent deux cours centrales.

Les intérieurs, pour la plupart de styles français et anversois, recèlent un beau mobilier. La grande salle du rez-de-chaussée possède une superbe voûte et les cheminées du château sont remarquables. Les plus grands objets d'ameublement sont aussi les plus beaux; des tapisseries de Bruxelles du XVIe siècle, aux couleurs éclatantes, représentent

Les trésors du château de Laarne sont conservés à l'intérieur de la forteresse, ceinturée par des douves.

Maximilien d'Autriche à la chasse. Vous y verrez également une somptueuse collection d'argenterie française et belge (XVe au XVIIIe siècle).

Le château d'Oidonk

A 12 km au sud-ouest de Gand, un peu après Deurle, se trouve le château d'Oidonk, entouré de jardins parfaitement entretenus. Cette forteresse se niche dans un méandre de la Lys, près de Bachte-Maria-Leerne. L'édifice, de style hispanico-flamand, rappelle la cathédrale Saint-Basile de Moscou. Bien qu'il ait été modernisé au XIXe siècle, son apparence n'a guère changé depuis sa construction en 1595. La façade en forme de portique du rez-de-chaussée est surmontée d'une loggia au premier étage, elle-même coiffée de pignons à redans, de tourelles, de cheminées et de balcons. Aux pieds des grandes tours rondes clapotent les eaux des douves.

Bien qu'habités par le baron de Nevele, les superbes appartements sont ouverts au public. On trouve aussi une taverne et l'on peut visiter le parc du château, qui mène à la forêt.

Laethem-Saint-Martin et Deurle

Ces deux villages au bord de la Lys se situent respectivement à 8 et 12 km au sud-ouest de Gand. Ils ne manquent pas de charme et sont connus pour le groupe de peintres qui avait pris le nom du premier. Il y avait en fait deux groupes: le premier se constitua en 1897 autour du sculpteur Georges Minne mais fut divisé lorsque la Première Guerre mondiale éclata; le second fut recréé dans les années 20 par des expressionnistes. Ce sont surtout des tableaux de peintres du second groupe que vous verrez dans les galeries et l'église de Laethem-Saint-Martin.

Deurle propose trois musées dédiés à Gust de Smet, à son frère Léon de Smet et à l'expressionnisme flamand.

Audenarde

Un trajet de 28min en train conduit à Audenarde (*Oudenaarde*), sur les rives de l'Escaut à 30 km au sud de Gand. Jadis célèbre pour ses tapisseries, la ville semble endormie, son essor s'étant arrêté au XVIIIᵉ siècle. On trouve des restaurants dans Stationsstraat, Hoogstraat et autour du Markt.

Le plus bel édifice d'Audenarde est son **Hôtel de Ville** (*Stadhuis*), situé sur la place du Marché (*Markt*). Ce bâtiment gothique flamboyant du XVIᵉ est le chef-d'œuvre du Bruxellois Henri Van Pede. Dominant la place, sa façade en grès jaune, avec un portique composé d'arches gothiques, est surmontée de deux rangées de fenêtres, le tout couronné d'un toit tarabiscoté. L'édifice est ouvert au public en été.

La fontaine aux dauphins sur la place fut commanditée par Louis XIV en 1671. Derrière le Stadhuis, on voit la **halle aux Draps** (*Lakenhalle*), datant du XIIIᵉ siècle.

L'**église Sainte-Walburge** (*Sint-Walburgakerk*), installée sur le Markt, est reconnaissable à sa tour penchée coiffée

L'allure hybride du château d'Oidonk provoque une impression de grandiloquence pleine d'imagination.

d'une lanterne. Derrière elle, l'**hôpital Notre-Dame** (XIIe siècle) fut à l'origine fondé hors de la ville. La chapelle est du XIIIe et le bâtiment principal date du XVIIIe. L'Evêché fut bâti vers 1600; c'est l'un des plus beaux bâtiments de style Renaissance du pays.

Longez les maisons en face de l'église et prenez le Burg; le **béguinage** (*Begijnhof*), avec un passage voûté Renaissance, se trouve dans cette rue. Le Burg devient Kasteelstraat et se termine au niveau de l'Escaut. L'**église Notre-Dame-de-Pamele**, un édifice gothique du XIIIe siècle, se tient de l'autre côté du fleuve. En haut de la rue, à l'autre bout du Tussenbruggen, vous atteindrez la **Huis de Lalaing**, une maison rococo de 1717 qui offre un musée des tapisseries et un atelier dédié à leur restauration, de même qu'une exposition d'œuvres d'artistes locaux. (Il se peut que les expositions changent de bâtiment car le musée est en cours de restauration.)

De l'autre côté du Markt, dans Hoogstraat, vous verrez les magnifiques façades du **Collège épiscopal**, qui datent des XVIe et XVIIIe siècles.

QUE FAIRE

LES ACHATS

Bien que le shopping ne soit pas la préoccupation majeure des personnes visitant Bruges ou Gand, les deux villes disposent d'un large choix de magasins en tous genres. Bruges est bien mieux rodée à tirer profit du tourisme que Gand et vous y verrez un grand nombre de boutiques de souvenirs et spécialités. Pour sa part, Gand dispose de vastes centres commerciaux et offre une ambiance plus «citadine». Les prix de la plupart des articles, sauf ceux que nous décrivons dans ce chapitre, sont sensiblement identiques à ceux pratiqués chez vous.

Les horaires

Les magasins ouvrent en général de 9h ou 9h30 à 17h30 ou 18h, les boutiques fermant une heure pour le déjeuner. Les magasins restent souvent ouverts plus tard le vendredi, jusqu'à 19h ou 19h30. A l'exception de certaines petites épiceries, aucun commerçant ne travaille le dimanche.

Où acheter

La grande rue commerçante de Bruges est Steenstraat, à côté du Markt; elle offre tout ce dont les habitants ont besoin dans leur vie quotidienne (vêtements, chaussures, équipement électrique, nourriture et meubles). Vous y trouverez aussi des magasins de chocolats belges et de souvenirs. Cette rue et les centres commerciaux qui s'y trouvent sont bondés le samedi; il vaut donc mieux y aller tôt le matin.

Les petites rues et venelles du centre de Bruges regorgent de magasins, dont la plupart se spécialisent dans le chocolat, la dentelle ou les vêtements. Les premières rues à découvrir sont celles qui se trouvent aux abords immédiats du Burg et du Markt. Les places abritent peu de magasins: le Markt et le Burg sont bordés de bâtiments historiques occupés par des cafés et restaurants; vous n'en verrez pas sur Jan Van Eyckplein; et 't Zand n'offre que des bistros et des hôtels. La seule exception est Sint-Janplein, où se trouve le théâtre de Bruges et où vous découvrirez des magasins et une petite arcade, la Theaterboetieks.

A Gand, la principale rue commerçante est Veldstraat, une artère piétonne empruntée par les tramways: tendez l'oreille et prenez garde si vous entendez la clochette! Les magasins de cette rue répondent aux besoins de la population locale, mais les rues et ruelles qui en partent – telles Korte Meer, Voldersstraat et Niklaasstraat (parallèle à Veldstraat) – abritent des boutiques spécialisées. Une rue commerçante moderne (*Lange Munt*) relie Hoogpoort au Vrijdagmarkt et abrite quelques magasins.

Vous pourrez effectuer des achats hors-taxe dans les établissements affichant le panonceau – en général les grands maga-

Si vous arrivez assez tôt, vous aurez l'occasion de faire quelques bonnes affaires au marché aux puces de Gand.

Il est difficile de ne pas dire adieu au régime à chaque nouvelle chocolaterie.

sins et les boutiques spécialisées (voir aussi p.106).

Les bonnes affaires

L'alimentation et le vin. Vos achats seront peut-être limités par votre appétit, la taille de votre voiture (si vous en avez une) et la fraîcheur du produit, mais ce serait dommage de ne rien rapporter, ne serait-ce que pour votre voyage de retour. La Belgique est renommée pour ses pâtisseries et ses gâteaux, et vous trouverez de fabuleux magasins d'alimentation et de délicieux traiteurs à Bruges et à Gand. Bruges est bien achalandée: la Bakerij Sint Paulus, située dans l'arcade Theaterboetieks, propose en plus de ses chocolats, d'excellents cafés, des gâteaux fantastiques et des pains aux fruits (cette pâtisserie est bondée le dimanche). La Nicolas Pâtisserie, située Vlamingstraat 14, offre une sélection tout aussi appétissante, tandis que le traiteur Deldycke au Wollestraat 23 propose un excellent choix en nourritures fines et en vins. Les rayons du De Kaaskelder, au Genthof 40, regorgent de fromages et de vins.

La ville de Gand est réputée pour sa moutarde, que vous trouverez chez Tierenteyn au Groentenmarkt 3. Het Hinkelspel, au F. Lousbergkaai 23, vend des fromages de ferme tout à fait délicieux.

L'ameublement. Ces articles ne sont pas généralement associés à la Belgique, mais la qualité et le style des meubles et des accessoires soutiennent la comparaison avec les produits scandinaves. A Bruges, allez chez Callebert, au Markt 6, et à Gand chez Frank de Clercq, dans Oudburg: ces deux maisons exposent à la fois des modèles belges et étrangers.

Les antiquités. Les deux cités en regorgent. Vous les trouverez surtout dans de petites boutiques luxueuses situées dans les rues tranquilles qui avoisinent les grandes zones commerçantes.

La bière. Ne manquez pas de vous en constituer un stock, car il est parfois difficile de les trouver en dehors de Belgique. Il vous faudra une voiture si vous voulez en ramener une grande quantité. Le choix est vaste: achetez celles que vous avez déjà goûtées plutôt que de vous lancer dans l'inconnu. Les bières sont moins chères dans les supermarchés, mais le choix est plus limité. A Bruges, essayez le Deldycke, situé au Wollestraat 23: on y trouve la «Fierté de Bruges» et des lots de 12 bouteilles sélectionnées. A Gand, le magasin situé dans l'immeuble Het Spijker, sur le Graslei, vend des packs. Bruggeman, au Wiedauwkaai 56, propose du Grain Genever (le gin de Gand).

Le chocolat. Les chocolats belges sont sans aucun doute les meilleurs du monde et il sont en vente partout. Il est préférable d'éviter les attrape-touristes – tels les lapins en chocolat – pour se concentrer sur les délices uniques que sont les truffes et les pralines classiques belges, faites à la main. Les boîtes de diverses tailles contenant une sélection (préemballée ou garnie selon votre choix) seront toujours joliment enveloppées. Les prix varient énormément, mais ce sont les hôtels qui proposent le moins bon rapport qualité-prix. A Bruges, rendez-vous chez Van Oost au Wollestraat 9, une excellente boutique au choix raffiné; à Gand, le magasin Léonidas situé sur Veldstraat offre une belle sélection à des prix raisonnables. Situé sur Voldersstraat, le chocolatier Godiva – plus chic, mais beaucoup plus cher – offre un choix merveilleux de chocolats magnifiquement présentés. Souvenez-vous que tous ces chocolats sont à base de produits frais et qu'ils doivent être dégustés rapidement.

La dentelle. Elle est omniprésente à Bruges, mais attention aux imitations! La dentelle belge faite à la main est chère mais c'est la seule qui vaille la peine d'être achetée. Elle doit toujours être clairement étiquetée. A Bruges, la rue de la dentelle est la Breidelstraat (qui relie le Markt au Burg), mais vous en trouverez partout. Les maisons Lace Jewel, au Philipstockstraat 10-11, et Melissa, au Katelijnestraat 38, sont des sources sûres de dentelles belges faites à la main.

La dentelle est moins omniprésente à Gand; toutefois, Kloskanthuis, au Korenlei 3, vend des dentelles de qualité.

LES LOISIRS

Marcher, regarder, manger et boire sont les principaux plaisirs qu'offrent Bruges et Gand. Vous pouvez également visiter ces villes en bateau ou en fiacre, deux façons relaxantes et paisibles de partir à la découverte de leurs sites (voir p.115).

Les **cafés et restaurants** sont assez différents dans les deux villes. Ceux de Bruges sont plus intériorisés (même si des terrasses se forment en été), car le manque d'espace et les lois sur la préservation de la ville autorisent peu de fantaisie. A Gand, quand le temps s'y prête, tout le monde mange dehors et les occasions de flâner et se promener le soir sont plus nombreuses. Ici, la bière fait partie de la tradition, que l'on apprend à connaître et que l'on apprécie en famille, mais on sait également la partager et les visiteurs intéressés sont naturellement les bienvenus.

Il est très facile de louer des **bicyclettes** (voir p.121) et les villes sont plates; toutefois, faites attention aux pavés de Bruges et aux rails des tramways de Gand. A Bruges, vous ferez du vélo le long du canal de Damme, et à Gand vous voudrez peut-être visiter des sites et musées juste en dehors du centre-ville.

La vie nocturne

La musique, l'opéra et le théâtre. Toute l'année, des festivals et des concerts sont organisés dans les deux villes (les offices du tourisme vous renseigneront). A Gand, l'Opéra flamand, au Schouwburgstraat 3, est le plus important lieu de concerts et de représentations théâtrales. L'agréable Theater Tinnenpot, au Tinnenpotstraat 21, propose des productions plus avant-gardistes. Les hôtels et les églises proposent également des concerts et des récitals.

Le jazz, le folk et le rock. Gand, avec sa population estudiantine, est mieux servie que Bruges, qui est calme la nuit. A Bruges, le Cactus Club, au Sint-Jakobsstraat 33, propose des concerts très audacieux et des soirées plus nostalgiques, tels des spectacles de danses rock. A Gand, quelques bars non thématiques proposent de la musique rock enregistrée; le quartier de l'université, autour de Sint-Pietersplein et d'Overpoortstraat, est le meilleur endroit où trouver de l'animation. Des hôtels tels que le Sofitel (voir p.135) dis-

Bonne bière et bonne compagnie sont deux ingrédients d'une excellente soirée.

Calendrier des festivités

Pour avoir les toutes dernières informations sur les festivités et les expositions, consultez les offices du tourisme des villes concernées. La liste ci-dessous vous donne un avant-goût des principaux événements:

Mars *Bruges*. Festival du film.

Avril *Gand*. Floralies: superbe exposition internationale qui se tient tous les cinq ans au parc des expositions (Flanders Expo). La prochaine aura lieu en l'an 2000.

Mai *Bruges*. Jour de l'Ascension, procession du Saint-Sang; reconstitution historique et ecclésiastique. Dwars door Brugge: course de rue.

Mai-juin *Gand*. Festival international de jazz.

Juillet *Gand*. Festival de Gand: festivités musicales et culturelles au centre-ville.

Juillet-août *Bruges*. Zandfeesten: le plus grand marché aux puces de Flandre (le dimanche).

Août *Bruges*. Fête des canaux: spectacle nocturne le long des canaux illuminés. Festival de Flandre: musique en différents endroits. Fastes de l'Arbre d'or: tous les cinq ans, commémoration du mariage de Charles le Téméraire et de Marguerite d'York (la prochaine aura lieu en 2001).

Gand. Patersholfeesten: différentes festivités dans le quartier de Het Patershol. Festival international de musique de chambre.

Septembre *Gand*. Festival de Flandre: participation de Gand au festival de musique.

Octobre *Gand*. Festival international du film.

Novembre *Bruges*. Salon international des Antiquités.

Décembre *Bruges*. Kerstmarkten: marchés de Noël au Markt et sur Simon Stevinplein.

posent de bars où l'on consomme tout en écoutant de la musique de jazz. Le vendredi soir, le Lazy River Jazz Club, au Stadhuissteeg 5, présente des concerts de jazz; le Damberd Jazzcafé, au Korenmarkt 19, propose le même genre de spectacles, le mardi soir seulement. Les Belges apprécient particulièrement le blues et l'on en joue un peu partout.

Le cinéma. Les films sont souvent en version originale sous-titrée. A Bruges, le programme hebdomadaire est affiché à l'Office du tourisme; essayez aussi le Kennedy ou le Chaplin dans Zilverstraat, et le Van Eyck dans Smedenstraat. A Gand, le cinéma le plus central est le Sphinx, dans Sint-Michielshelling, mais allez aussi au Decascoop, dans Ter Platen, et au Studio Skoop, sur Sint-Annaplein.

Les boîtes de nuit et discothèques. Dans les deux villes, ces établissements sont rares et les quelques-uns que vous trouverez sont sans intérêt. A Gand, la plupart se situent dans le Quartier Sud (Zuidkwartier).

Chez l'habitant. Si vous êtes invité dans une famille belge, on vous servira des quantités impressionnantes de nourriture et de boissons et vous ne manquerez pas de remarquer l'extrême hospitalité.

LES SPORTS

Dans n'importe quel hôtel, allumez le poste de télévision et vous saurez vite que le football est le sport le plus regardé (l'équipe de Bruges joue au niveau européen); le cyclisme et le patinage sont eux aussi populaires. A Bruges, contactez le Stedelijke Dienst Sport-Recreatie, (tél. 050-44 83 22), qui vous procurera tous les renseignements sur les sports de détente; à Gand, le Dienst Sport en Recreatie, Zuiderlaan 5 (tél. 09-243 88 90), répondra à vos questions. Les centres sportifs se trouvent en banlieue. A Bruges, les piscines sont à St Kruis et à St Andries. Gand offre le vaste complexe du Centre Blaarmeersen, situé Zuiderlaan 5, qui propose diverses activités pour la famille, dont le tennis, le squash, l'athlétisme, la pêche et la planche à voile.

POUR LES ENFANTS

Les parcs d'attractions. Le **Boudewijnpark**, situé A. De Baeckestraat 12, à Bruges (tél. 050-38 38 38), possède une patinoire (spectacles sur glace), un Bambinoland («paradis des tous petits»), et un delphinarium, avec des spectacles tous les jours de l'année. A Gand, le **Centre Blaarmeersen** (tél. 09-243 88 70) propose des chemins de randonnée pédestre et de nombreuses activités pour toute la famille.

Les musées et attractions. La plupart des musées ne plairont qu'aux enfants plus âgés, mais il existe des exceptions. S'ils n'ont pas le vertige, vos enfants adoreront grimper au sommet des **Beffrois** des deux villes. Le **châ-**

De nombreux cyclistes aiment emprunter les ravissants chemins bordés d'arbres pour se rendre en ville.

teau des Comtes de Gand offre plusieurs fascinantes tours, des remparts, des escaliers en colimaçon et des donjons (certains jeunes pourront s'intéresser à l'exposition des instruments de torture). Enfin, les enfants adorent le **Schoolmuseum Michel Thiery** de Gand, qui expose des images de dinosaures, des fossiles, des animaux empaillés et des minéraux fluorescents.

Les attractions ne manquent pas à Bruges et Gand, pour la plus grande joie des enfants.

Le théâtre de marionnettes. Les plus petits se prennent au jeu de ce théâtre. A Gand, le grenier du musée du Folklore accueille parfois des représentations. Contactez les offices du tourisme des deux villes pour tout renseignement à ce sujet.

Les visites guidées. Les enfants adorent les promenades sur l'eau et les deux villes disposent d'un large réseau de canaux que l'on peut découvrir en bateau. En été, de grands bateaux à roue naviguent entre Bruges et Damme. Vous pourrez aussi louer les services d'un fiacre et parcourir Bruges et Gand le jour ou le soir le long des bâtiments illuminés. Et pourquoi ne pas louer des bicyclettes pour toute la famille et explorer les environs au rythme de vos enfants (voir p.121)? A Bruges, le Cinecitta Hall, au Diksmuidestraat 5, dispose de nombreux jeux pour les enfants. Il est ouvert le dimanche, le mercredi, le samedi et tous les jours pendant les vacances scolaires.

LES PLAISIRS DE LA TABLE

Les Belges ne plaisantent pas avec la nourriture. Leur grande cuisine est célèbre et tous leurs plats sont de qualité. Les portions sont très copieuses et, même si vous ne prenez qu'un sandwich, on vous apportera une assiette bien remplie. Les cuisines régionales sont clairement définies, mais en ville on trouve tout ce que l'on désire.

Les bars et les restaurants

Bruges et Gand offrent un important choix de restaurants, cafés et bars. Le nom «restaurant» peut s'appliquer à divers lieux de restauration, allant de l'établissement chic et élégant au café. En général, les bars proposent des plats copieux et simples à des prix raisonnables. Même les plus petits établissements vous servent à table; en cas de doute asseyez-vous.

Les serveurs parlent en général le français. Les cartes sont rédigées en plusieurs langues, et pour le déjeuner (*middagmaal*) ou le dîner (*avondeten*), vous verrez souvent un menu touristique et plusieurs menus à prix fixes qui offrent le meilleur rapport qualité-prix. Notez cependant que certains plats ne sont disponibles que pour le déjeuner ou un jour précis.

Dans les tavernes, vous pourrez souvent choisir entre 100 variétés de bière.

Les bars et les cafés servent en général des en-cas le matin, puis le déjeuner aux environs de midi; les horaires sont affichés dans la vitrine avec le menu. De très nombreux bars restent ouverts toute la journée et jusqu'au petit matin.

Les taxes et le service sont toujours compris dans la note et personne ne s'attend à ce que vous laissiez un pourboire.

Le petit déjeuner

Pour le petit déjeuner, les hôtels proposent des buffets (*ontbijt*) particulièrement copieux. On vous servira, en plus du thé ou du café, des jus de fruits, des pains, des fromages et des viandes, ainsi que des céréales, des yaourts, des fruits frais, des gâteaux, des pâtisseries et des salades de fruits. On vous proposera peut-être un œuf à la coque; certains hôtels offrent des buffets-grills et vous pourrez y déguster un petit déjeuner à base d'ingrédients frits. Même dans les petits établissements, le choix est vaste et la nourriture est fraîche.

Les plats froids

Le *boterham* est une sorte de sandwich. Il est composé de deux ou trois grosses tranches de pain, d'une garniture et d'une salade. Il s'accompagne d'une bière belge et offre un excellent rapport qualité-prix. Il en existe une variété infinie, allant du saumon au fromage, en passant par la viande.

Les poissons et les fruits de mer

La proximité de la mer du Nord et les nombreux canaux et rivières expliquent pourquoi le poisson domine les menus. Même si les canaux gantois n'abritent presque plus de vie, les poissons d'eau douce proviennent toujours de la région.

De la fin de l'hiver au début du printemps, les **moules** sont l'un des plats préférés des Belges. On les sert cuites dans du beurre ou de la crème et accompagnées d'un quartier de citron. Les moules sont considérées comme un mets très fin; on les apporte souvent sur la table dans un faitout dans lequel les invités se servent. Elles sont fréquemment servies avec des frites (l'autre ingrédient de base de la cuisine belge), surtout au déjeuner.

La **truite** est un autre mets recherché; on la sert souvent avec une sauce au vin blanc. L'**anguille** (*aal* ou *paling*) est très appréciée; on la prépare avec des sauces aux herbes – l'«anguille verte» est une anguille bouillie dans des herbes. La **sole** (*zeetong*) est souvent grillée, tandis que les huîtres, homards et crabes sont accompagnés d'une grande variété de sauces. Beaucoup de restaurants ont un vivarium avec homards et crabes, pour prouver la fraîcheur de leurs produits et tenter les clients. Le poisson est un ingrédient du traditionnel *waterzooi*, un ragoût de poisson (ou de poulet) et de légumes; le *waterzooi op Gentse wijse* (au poisson) provient de Gand.

La viande et la volaille

Le **gibier**, le **porc**, le **bœuf** et les plats à base de **poulet** tels que le *waterzooi* sont essentiels dans les menus flamands. Vous pourrez aussi commander une *carbonnade* de bœuf ou de porc cuit soit dans une sauce to-

Les nombreux ingrédients qui entrent dans la préparation d'un waterzooi.

mate, soit avec de la bière, des oignons et des herbes. On trouve aussi de bons steaks-frites. Le **lapin** et le **lièvre** sont mijotés dans de la gueuze avec des oignons et des pruneaux (*konijn met pruimen*). Dégustez des plats à base de **faisan** servis avec de riches sauces et goûtez l'**oie** (*gans*) bouillie puis rôtie. Les plats de **veau** (*kalf*) et de **foie** (*lever*) se trouvent presque partout; et si vous raffolez du **sanglier**, recherchez les mots *wild zwijn* sur les menus.

Ce chef s'attelle à la préparation d'un des plats de l'excellente cuisine belge.

Les légumes et les salades

Le *witloof* est une recette prisée à base d'**endives**, de jambon et d'une sauce au fromage et elle figure à tous les menus. Parmi les légumes courants, il faut citer le **chou-fleur** (*bloemkool*), les **choux de Bruxelles** (*spruitjes*) et les **épinards** (*spinazie*).

Le choix de salades est plutôt restreint, mais goûtez la Liège (haricots et pommes de terre) et la Wallonie (pommes de terre et bacon).

Le fromage

Le nombre de fromages (*kaas*) est immense; la plupart sont belges, néerlandais ou français. La Belgique en produit 300 à elle seule, dont ceux de la Trappe tels que l'Orval ou le

Les célèbres bières belges

Traditionnellement, la bière était une boisson populaire en Belgique car l'eau y était de mauvaise qualité: lors de la fermentation, les impuretés de l'eau étaient neutralisées. De nos jours, l'eau est potable et l'on boit de la bière pour le plaisir. Si vous entrez dans un bar à Bruges ou à Gand et demandez une bière, il se peut que vous ayez à choisir entre plus d'une centaine! La bière est aux Belges ce que le vin est aux Français; d'ailleurs, de nombreuses bières belges achèvent leur dernier stade de fermentation dans une bouteille à Champagne bouchée. On en produit plusieurs centaines de variétés et toutes ont leurs caractéristiques propres; on les sert dans des verres particuliers, souvent accompagnées de fromage ou de noix. Diriger un bar ou un café belge n'est donc pas chose simple.

Les *lambics* sont des bières à fermentation spontanée. Nombre d'entre elles ont un goût aigre qui rappelle celui de la pomme, mais on ajoute parfois des fruits pour accroître leur arôme désaltérant: la *Kriek* est une bière à la cerise servie dans un verre rond (chaude si vous voulez vous réchauffer), tandis que la *Frambozen* est un mélange rose pâle à la framboise, que l'on sert dans un verre à vin.

Les bières blanches, troubles, sont faites à base d'orge ou de malt et de blé; elles sont légères et jeunes, telle la *Brugse Triple* que l'on boit à Bruges.

La marque *Trappist* renvoie aux nombreuses bières qui à l'origine étaient brassées dans les monastères; la *Triple* était une bière forte que l'on servait au supérieur et autres personnages importants; les moines buvaient de la *Dubbel*, tandis que les paysans (et les autres) n'avaient que la version allongée d'eau. La *Trappist Leffe* est forte et foncée (comme la Porter), un peu sucrée et servie dans un verre ballon.

La *Kwak* (une bière blonde et forte) est servie dans un verre à fond sphérique, accompagné d'un support en bois pour le maintenir droit. Il existe des verres d'1,5 l mesurant environ 45 cm de haut. Le verre et son présentoir sont d'une si grande valeur que le client doit souvent laisser sa chaussure en gage au propriétaire afin de ne pas pouvoir s'enfuir avec la marchandise. Le verre spécial Kwak est conçu de façon à ce qu'à la fin la bière descende de tout d'un coup dans votre gosier, alors méfiez-vous!

Une des bières les plus fortes, la bien nommée *Delirium Tremens*, semble inoffensive au début mais vous prendra par surprise si vous n'y êtes pas habitué – si vous voyez des éléphants roses, rassurez-vous, ce seront ceux de l'étiquette. La *Corsendonck Agnus Dei* est une autre bière forte et délicieuse.

Parmi les autres sortes de bières, vous trouverez la *Gueuze*, une bière douce et dorée qui se boit facilement, servie dans un verre droit; la *Loburg*, une bière blonde de Bruxelles que l'on déguste dans un verre ressemblant à un vase; la *Hoegaarden Grand Cru*, une rafraîchissante bière blonde aromatisée à la coriandre; la *Rodenbach Grand Cru*, rouge avec un fort goût de pomme; et la *Bourgogne des Flandres*, rouge, légère et très parfumée.

Les bars à ne pas manquer à Bruges sont *'t Brugs Beertje* au Kemelstraat 5 où l'accueillant propriétaire est un connaisseur qui vous informera sur la qualité de ses 300 bières et *De Garre*, dans une allée du même nom près de Breidelstraat, qui offre une ambiance chaleureuse et un grand choix de bières. A Gand, *Het Waterhuis aan de Bierkant*, Groentenmarkt 9, est un bar animé au bord du canal, qui propose plus de 100 bières; *De Witte Leeuw*, Graslei 6, est un bar amical avec plus de 100 bières; et *De Dulle Griet*, Vrijdagmarkt 50, sert plus de 250 bières; remarquez le panier à chaussures accroché au plafond.

Chimay. Le Remoudou et le Gouda belge, que vous connaissez peut-être, sont parmi les plus célèbres. Le fromage finit traditionnellement le repas; aussi, n'oubliez pas de lui garder une petite place!

Les entremets et pâtisseries

Les Belges adorent les desserts (avec énormément de chocolat et de crème). La **glace** (*ijs*) et la **crème chantilly** (*slagroom*) sont partout, que ce soit dans une crêpe ou sur une gaufre. Les gourmands apprécieront le pain d'épices à la cannelle, les cramiques (pain brioché aux raisins), les speculoos et les moques, une pâtisserie gantoise. Quelles que soient vos préférences, le choix en matière de tartelettes, de gâteaux, de pâtisseries, de petits pains et de biscuits est immense.

Les en-cas

Dans la rue, le poisson-frites est l'en-cas de base. Vous aurez le choix entre différentes tailles de portions de frites et vous pourrez y ajouter de la mayonnaise, de la moutarde, etc. Ces en-cas étant souvent salés, vous aurez peut-être besoin de boire en mangeant.

Les fruits frais du marché sont une alternative aux desserts riches et crémeux.

Vous trouverez aussi des fast-foods: à Bruges, ils sont situés vers le Markt, 't Zand et Steenstraat; à Gand, ils sont installés dans le Vrijdagmarkt et le quartier de Veldstraat.

Les bars servent des en-cas tels que les croque-monsieur, ainsi qu'un vaste choix de sandwichs et de petits pains fourrés (*belegde broodje*).

Les boissons

Certaines des plus fameuses **bières** (*bier*) belges figurent à la page 96. La majorité des bars ont au moins 20 ou 30 bières différentes et certains en proposent même plus de 100. Les pressions (*van 't vat*) sont meilleur marché que les bières en bouteille. Vous trouverez aussi toutes les boissons alcoolisées habituelles, en plus de l'eau minérale. Le *genever*, le gin local, est très fort. La plupart des vins (*wijn*) sont importés principalement de France et d'Allemagne.

Le **café** (*koffie*) est fort et généralement accompagné de friandises telles que des biscuits, des chocolats ou des gâteaux, en plus de deux ou trois sortes de sucre. Les mélanges café-alcool sont populaires. Le **thé** (*thee*) est souvent servi dans des verres avec du citron et sans lait.

Les plats végétariens

Même si la viande et le poisson dominent la cuisine belge, vous trouverez bon nombre de plats végétariens à Bruges et à Gand. Cependant, il vous faudra vous éloigner de la cuisine traditionnelle flamande. Notre sélection de restaurants (voir p. 137) vous donnera quelques adresses. Ne confondez pas végétarien et *vleesgerecht*, ce qui veut dire viande. Sachez également que les frites sont souvent cuites dans de la graisse animale. A défaut d'établissement spécialisé, choisissez un restaurant italien (qui vous proposera en général des plats de pâtes et des salades).

Pour vous aider à commander...

Je voudrais un/une/du/de la...

bière	**bier**	poivre	**peper**
café	**koffie**	pommes de terre	**aardappelen**
dessert	**nagerecht**	salade	**sla, salade**
eau	**water**	sel	**zout**
glace	**ijs**	soupe	**soep**
lait	**melk**	sucre	**suiker**
légumes	**groente**	thé	**thee**
pain	**brood**	viande	**vleesgerecht**
poisson	**vis**	vin	**wijn**

Heeft u...

... et à lire le menu

aardbei	fraises	**mosselen**	moules
appel	pomme	**nieren**	rognons
bonen	haricots	**peer**	poire
boter	beurre	**perzik**	pêche
eend	canard	**pruim**	prunes
ei	œuf	**ree**	chevreuil
garnalen	crabe	**rijst**	riz
ham	jambon	**rode wijn**	vin rouge
harring	hareng	**rodekool**	chou rouge
honing	miel	**rund**	bœuf
jam	confiture	**sinaasappel**	orange
kaas	fromage	**snoek**	brochet
kers	cerises	**soesters**	huître
kip	poulet	**taart**	flan
koek	gâteau	**varken**	porc
kool	chou	**wit brood**	pain blanc
kreeft	homard	**witte wijn**	vin blanc
lam	agneau	**worst**	saucisse
macaroni	pâtes	**zalm**	saumon

INDEX

Informations pratiques

A

AEROPORT *(luchthaven)*

Le seul grand aéroport de Belgique est celui de Bruxelles-National, situé à **Zaventem**. Il est desservi par la plupart des grandes compagnies aériennes dont, bien sûr, la Sabena (la compagnie nationale belge). L'aéroport se trouve à 14 km du centre de la capitale, mais il dispose de liaisons en bus, en train et en taxi. Les trains, qui partent toutes les 30min en direction des trois gares ferroviaires bruxelloises, s'avèrent plus économiques. Le trajet en taxi pour le centre-ville vous reviendra plus cher qu'en train, mais les taxis vous consentiront une réduction sur présentation d'un billet d'avion aller-retour. Sabena organise un service de cars spéciaux, au départ de l'aéroport, à destination de Gand.

Vous trouverez des chariots à bagages partout dans l'aéroport. Voici deux numéros que vous pouvez composer si vous désirez obtenir des informations sur les vols: (09) 223 3132 pour la Sabena et les compagnies affiliées, et (02) 732 3111 pour les autres compagnies.

AMBASSADES et CONSULATS *(ambassades; consulaten)*

Canada: 2, avenue de Tervuren, 1040 Bruxelles;
tél. (02) 741 06 11 ou 741 06 30.

France: (ambassade) 65, rue Ducale, 1000 Bruxelles;
tél. (02) 548 87 11
(consulat) 14, place de Louvain, 1000 Bruxelles;
tél. (02) 229 85 00

Suisse: 26, rue de la Loi, boîte 9, 1040 Bruxelles;
tél. (02) 230 61 45

ARGENT (Voir aussi DOUANE ET FORMALITES D'ENTREE)

Monnaie. L'unité monétaire belge est le franc belge (en abrégé BF ou FB). Il est divisé en 100 centimes (ct).

Pièces: 50 ct, 1, 5, 20 et 50 FB.

Billets: 100, 500, 1000, 2000 et 10000 FB.

Bruges et Gand

Si la monnaie belge, à parité avec le franc luxembourgeois, circule au grand-duché, les francs luxembourgeois, quoique acceptés en Belgique, ne le sont qu'à contrecœur. Vérifiez bien votre monnaie.

Banques (*bank*) **et bureaux de change** (*wisselkantoor*). La commission pour changer de l'argent et des chèques de voyage est fixe. Comparez les taux de change, car ils varient beaucoup. Les bureaux de change ont les meilleurs taux, suivis par les banques. Les hôtels changent l'argent à un taux inférieur (certains peuvent aussi offrir un bon taux). A l'aéroport de Bruxelles, des changeurs automatiques effectuent des transactions dans les monnaies de quatre pays différents.

Cartes de crédit (*credit card*). Beaucoup d'hôtels, de restaurants et de magasins acceptent les cartes de crédit internationales. Un panonceau annonce généralement les cartes acceptées.

Eurochèques. Ils sont acceptés presque partout dans le pays.

Chèques de voyage (*reischeque*). Vous devrez présenter votre passeport. Une commission fixe étant perçue lorsque vous changez vos chèques de voyage, il vaut mieux changer des sommes importantes.

TVA. Une taxe sur les ventes, la BTW, frappe la plupart des biens et des services. Dans les hôtels et restaurants, le service s'ajoute à la TVA. Tous deux sont compris dans la note. Pour les achats d'un montant élevé, il existe une détaxe à l'exportation. Recherchez les magasins qui affichent le panonceau *Europe Tax-Free* ou *Tax-Free International*; les commerçants connaissent la marche à suivre.

Je voudrais changer des francs français/suisses/des dollars canadiens.	**Ik wil graag Franse franken/ Zwitserse franken/Canadese dollars wisselen.**
Acceptez-vous les chèques de voyage ?	**Accepteert u reischeques ?**
Puis-je payer avec cette carte de crédit ?	**Kan ik met deze credit card betalen ?**

Pour Equilibrer Votre Budget

Pour apprécier le coût de la vie en Belgique, voici quelques prix moyens, en francs belges (FB). Ces prix n'ont qu'une valeur indicative.

Achats. Mouchoirs en dentelle (faits main) 400 FB, chocolat belge de 500 à 1000 FB le kg.

Aéroport (transfert). Train de l'aéroport de Bruxelles à la gare du Midi, au centre de Bruxelles 180 FB.

Auberges de jeunesse. Bruges de 275 à 375 FB, Gand de 385 à 475 FB, par personne, selon la nature du logement.

Autobus. A Gand et Bruges, forfait journalier 110 FB.

Camping (par nuit). 300-600 FB pour une famille de 4 personnes.

Garde d'enfant. 200 FB de l'heure.

Guides et excursions. Guide qualifié 1700 FB pour 2h, 850 FB par heure supplémentaire; excursion en bateau 160 FB (demi-tarif pour les enfants); carriole 800 FB. *Bruges*: visite organisée par l'Office du tourisme 150 FB (gratuite pour les enfants); visite avec baladeur 300 FB; visite en autobus de la ville 380 FB (enfants 250 FB); visite du parc Quasimodo, droits d'entrée et pique-nique compris, 1400 FB (moins de 26 ans 1000 FB); tramway à cheval 200 FB (enfants 100 FB); visite organisée à bicyclette 450 FB. *Gand*: visite «découverte de Gand» 780 FB (minimum 20 personnes); location de bateau à moteur 1600 FB pour 2 heures; tournée organisée des bars 545-795 FB.

Hôtels (chambre double avec bains, petit déjeuner inclus, par nuit). De luxe à partir de 5000 FB, moyens de 2500 à 5000 FB, économiques jusqu'à 2500 FB.

Location de bicyclettes. En général de 225 FB à 325 FB par jour. Dans les gares ferroviaires, 150 FB par jour sur présentation d'un billet de train valide, de 335 à 650 FB dans les autres cas; de 615 à 840 FB (vélo tout-terrain).

Bruges et Gand

Location de caméra vidéo. 1000 FB par jour. Une cassette de 60 minutes coûte environ 520 FB.

Location de voitures. De 2000 à 2500 FB par jour (petit modèle).

Loisirs. Cinéma 220 FB, ballet/opéra 700-2200 FB, boîte de nuit à partir de 250 FB.

Repas et boissons (dans un établissement moyen). Petit déjeuner 200-250 FB, déjeuner 350 FB, dîner 600 FB; café 60 FB, bière de 80 à 180FB, soda 50 FB.

Taxi. Prise en charge 100 FB (de nuit 180 FB), plus 43 FB le km (75 FB la nuit).

Trams. Prix forfaitaire pour les trams de Gand 40 FB.

Trains. (Aller-retour) Bruxelles–Bruges 760 FB, Bruges–Gand 350 FB, Gand–Bruxelles 470 FB, Gand–Audenarde 240 FB.

AUBERGES de JEUNESSE

Bruges et ses environs abritent un certain nombre d'auberges de jeunesse. Voici les coordonnées de celles situées dans la ville:

Bauhaus International Youth Hostel, Langestraat 135-137; tél. (050) 34 10 93; fax (050) 33 41 80.
Le Passage, Dweersstraat 26; tél. (050) 34 02 32; fax. (050) 34 01 40.
Jeugdverblijfcentrum VZW Snuffel, Ezelstraat 47-49; tél. (050) 33 31 33; fax (050) 33 32 50

Gand possède une auberge de jeunesse, agréable et bien équipée: *De Draecke*, Sint-Widostraat 11 (Gravensteen); tél. (09) 233 70 50; fax (09) 233 80 01.

B

BLANCHISSERIE et TEINTURERIE *(wasserij, stomerij)*

Les grands hôtels offrent un service rapide (et cher) en une journée (non disponible les week-ends et les vacances). Dans les deux villes,

les blanchisseries et les laveries automatiques sont peu nombreuses, mais leur formule est plus économique. A Bruges, essayez le Press Shop, Nordzanstraat 5, qui s'occupe du nettoyage à sec, du lavage, du repassage et de petits travaux de raccommodage.

Quand est-ce que ce sera prêt ?	**Wanneer is het klaar ?**
Il me le faut pour demain matin.	**Ik heb dit morgenvroeg nodig.**

C

CAMPING

Les terrains de camping belges sont classés de une à quatre étoiles et sont bien équipés. Il existe quatre campings recommandés près de **Bruges**; vous devrez donc trouver un moyen de transport pour vous rendre jusqu'au centre-ville. L'Office du tourisme fournit les numéros de téléphone de ces terrains. A **Gand**, vous choisirez entre le terrain quatre étoiles de Blaarmeersen Sportcentrum et celui de Witte Berken (une étoile); pour toute information, contactez l'Office du tourisme de Gand. L'Office belge du tourisme distribue une brochure sur les terrains de camping. En haute saison, il est conseillé de réserver les emplacements à l'avance. Il est interdit de passer la nuit dans une voiture, une caravane, un camping-car ou une tente sur le bord de la route, dans un bois, sur une dune ou sur une plage.

CLIMAT et HABILLEMENT

Climat. La Belgique jouit d'un climat océanique modéré, influencé par la proximité de la mer, même si le cœur des terres est soumis aux influences continentales. En général, le temps est plus sec et plus chaud d'avril à octobre, mais la pluie est fréquente en toute saison.

Le tableau ci-dessous présente les températures moyennes mensuelles, sensiblement identiques à Bruges et Gand:

	J	F	M	A	M	J	J	A	S	O	N	D
Température °C	5	6	10	13	19	21	23	22	20	14	8	6

Bruges et Gand

Habillement. Le temps est imprévisible et il pleut en toute saison. Pensez à emporter un imperméable, de nombreux hôtels fournissent des parapluies. En mars et avril, le temps est parfois ensoleillé et assez chaud, mais des bouffées de vent froid peuvent vous surprendre à un coin de rue; un manteau léger est donc conseillé. En hiver, prenez un bon manteau et des pulls. Bruges et Gand sont des villes que l'on découvre à pied; aussi des chaussures confortables et stables sont indispensables, et méfiez-vous des pavés!

Si l'on s'habille en général de manière décontractée, certains grands restaurants exigent toutefois que les hommes portent une cravate.

COMMENT y ALLER

Aller en Belgique n'offre aucune difficulté. Un agent de voyages compétent vous aidera à choisir parmi la multitude d'options.

Par avion (vols réguliers)

Vous atterrirez à l'aéroport de Zaventem (Bruxelles). A l'exception des cars Sabena, il n'existe pas de service direct reliant cet aéroport à Bruges ou à Gand; pour vous y rendre, vous devrez donc prendre un train à l'aérogare (départ toutes les 30min) en direction de la gare du Nord (la plus proche de l'aéroport) ou de la gare centrale. Le trajet dure 15min. De là, vous changerez de train pour vous rendre à Bruges ou à Gand (les deux villes sont desservies par le même train). Le trajet dure 35min pour Gand et 1h10 pour Bruges.

Au départ du Canada (Montréal). Aucun vol direct régulier ne relie Montréal à Bruxelles. Vous devrez transiter par Paris, Londres, Amsterdam, Madrid, Zurich ou Francfort (trajet de 6h30 à 7h30).

Au départ de la France. Il existe environ dix vols quotidiens entre Paris et Bruxelles (en 35min environ).

Au départ de la Suisse romande. Vous avez quatre à sept liaisons quotidiennes directes depuis Genève, en 1h15 environ.

Réductions et tarifs spéciaux. Les enfants (moins de 12 ans), les jeunes (moins de 25 ans) et les personnes âgées (plus de 60 ans) ont droit, toute l'année, à des réductions importantes.

Les compagnies aériennes proposent des tarifs promotionnels souvent avantageux. Pour en bénéficier, il vous sera souvent demandé de réserver à l'avance, de fixer vos dates de départ et de retour ou de rester un temps minimal (et maximal) à Bruxelles. Ces opérations étant très ponctuelles, nous vous conseillons de vous renseigner directement auprès de votre agence de voyages ou de votre compagnie aérienne, seules à même de vous fournir les toutes dernières informations en matière de réductions.

En autocar

De nombreux voyages organisés ainsi que des liaisons directes, qui desservent Bruges et Gand, partent des capitales européennes et de nombreuses villes de province. Vous avez trois liaisons régulières quotidiennes entre la France et la Belgique (fréquence souvent renforcée durant les mois d'été).

En train

Au départ de la France. Vous devrez passer par Bruxelles. Le départ se fait de Paris-Nord. Le trajet dure 2h si vous choisissez un TGV et environ 3h25 si vous prenez un autre train. Une fois à Bruxelles, vous trouverez deux correspondances par heure vers le littoral; le trajet pour Bruges dure 1h10 et celui pour Gand 35min.

Au départ de la Suisse romande. Vous pouvez transiter par Paris (TGV de Genève ou de Lausanne à Paris) ou prendre, à Bâle, un train direct à destination de Bruxelles.

Billets économiques et tarifs spéciaux. La carte *Inter-Rail* (pour les Européens) et la carte *Eurail-Pass* (pour les non-Européens) sont valables en Belgique. Les non-Européens de moins de 26 ans bénéficient de l'*Eurail-Youthpass*.

Bruges et Gand

De plus, signalons que les jeunes de moins de 26 ans peuvent profiter de l'*Eurodomino* et des facilités tarifaires offertes par les billets BIGE (ou billet international pour jeunes).

En voiture

Depuis la France. Bruges est à environ 320 km de Paris (par l'autoroute), 530 km de Strasbourg (*via* Nancy et Luxembourg), 870 km de Bordeaux (*via* Paris), et 1100 km de Marseille *via* Paris. Gand est située à mi-chemin entre Bruxelles et Bruges (98 km par l'autoroute).

Depuis la Suisse romande. Bruges est à moins de 800 km de Genève (*via* Dijon, Langres, Reims, Vervins, Mons et Bruxelles).

CONDUIRE en BELGIQUE (Voir aussi LOCATION DE VOITURES)

Entrée en Belgique. Pour entrer en Belgique avec votre voiture, il vous sera demandé:

- un permis de conduire national (*rijbewijs*) ou international
- le certificat d'immatriculation du véhicule
  (carte grise – *kentekenbewijs*)
- une carte verte ou toute attestation d'assurance valide à l'étranger
- un extincteur et un triangle de signalisation en cas de panne
- un autocollant indiquant la nationalité apposé à l'arrière du véhicule.

Règles de circulation. On conduit à droite et on double à gauche. Même si vous voulez aller à Bruges et à Gand en voiture, souvenez-vous qu'il est préférable d'éviter les centres-villes. Bruges possède un système à sens unique complexe, avec des rues étroites et tortueuses qui, en saison, sont bloquées par les piétons et les fiacres. La conduite à Gand est encore plus agressive qu'à Bruges et elle est compliquée par la présence de tramways (qu'il est interdit de doubler et qui ont la priorité). La marche et les transports publics restent donc la meilleure solution pour vous déplacer dans ces villes.

Il est important de savoir que vous devez céder la priorité aux véhicules venant de votre droite, sauf si vous vous trouvez sur une route à caractère prioritaire (lorsque le panneau jaune de priorité apparaît barré d'une bande noire, vous devez céder le passage aux véhicules venant de droite).

La ceinture de sécurité est obligatoire pour le conducteur et les passagers, et les amendes pour conduite en état d'ivresse sont sévères. Pour certaines infractions, l'amende est payable sur-le-champ.

Les autoroutes belges sont superbes, sans péage et bien éclairées de nuit. Les périphériques, dont celui de Bruges, sont encombrés aux heures de pointe. En Flandre, les grandes routes sont souvent droites et la circulation y est fluide; voyager en semaine est agréable. Toutefois, le taux d'accidents du pays est l'un des plus élevés d'Europe.

Limitations de vitesse. Elles sont fixées à 120 km/h sur autoroute, 90 km/h sur route et 60 km/h en agglomération.

Stationnement. Vous trouverez des places de parking réglementées dans les centres-villes (principalement sur les places centrales). Vous devrez acheter des tickets dans les horodateurs placés sur le trottoir. Autour de Bruges, vous trouverez des parkings spéciaux pour les grandes voitures et les bus; il est plus rapide et plus sûr de les utiliser et de se rendre au centre-ville à pied. Les deux offices du tourisme fournissent des cartes de la ville, où les parkings sont indiqués.

Pannes. Les deux plus grands clubs automobiles de Belgique sont le TCB (Touring Club de Belgique) et l'Automobile Club Royal de Belgique. Ils ont des accords avec d'autres organisations et devraient pouvoir vous aider en cas de panne. Des bornes téléphoniques d'urgence sont disposées à intervalles réguliers le long des autoroutes.

Essence. Les stations-service sont nombreuses et vous y trouverez la plupart des grandes marques. Elles vendent du super et du sans plomb (*loodvrij*), ainsi que du gazole.

Bruges et Gand

Signalisation routière. La plupart des panneaux sont conformes à la signalisation européenne, mais certains portent des inscriptions particulières en flamand. Ainsi:

Alle richtingen	Toutes directions
Andere richtingen	Autres directions
Beschadigd wegdek	Chaussée déformée
Eenrichtingverkeer	Sens unique
Langzaam rijden	Ralentir
Moeilijke doorgang	Passage difficile
Opgelet	Attention
Tol	Péage
Wegomlegging	Déviation
Zachte berm	Accotements non stabilisés

Sommes-nous sur la route de…?	**Zijn wij op de juiste weg naar…?**
Le plein, s'il vous plaît.	**Vol, graag.**
Veuillez contrôler l'huile/les pneus/la batterie.	**Kijkt u even de olie/banden/accu na.**
Ma voiture est en panne.	**Ik heb autopech.**

D

DECALAGE HORAIRE

La Belgique vit à l'heure GMT + 1, mais lorsque l'horaire d'été est en vigueur (d'avril à septembre), les Belges avancent leur montre d'une heure. Lorsqu'il est midi à Bruxelles, Genève et Paris, il est 6h à Montréal.

DOUANE et FORMALITES d'ENTREE

Passeport. Les ressortissants de l'Union européenne et les Suisses ont seulement besoin de leur carte d'identité pour entrer en Belgique. Les ressortissants canadiens doivent présenter un passeport en cours de validité. Aucune vaccination n'est nécessaire pour les rési-

---

dents européens et canadiens. En cas de doute, vérifiez avant votre départ auprès des représentants des autorités belges de votre pays.

Achats hors-taxe. La Belgique faisant partie de l'Union européenne (UE), le libre échange des produits, exception faite des produits hors-taxe, pour usage personnel, s'applique entre ce pays et les autres membres de l'UE. Les produits hors-taxe sont soumis à certaines restrictions. A l'entrée en **Belgique**: 200 cigarettes ou 50 cigares ou 250g de tabac; 1*l* d'alcool et 2*l* de vin.

A votre retour, les restrictions sont les suivantes: **France**: 200 cigarettes ou 50 cigares ou 250g de tabac; 1*l* d'alcool (de 22° ou plus) ou 2*l* d'alcool (de moins de 22°) et 2*l* de vin. **Suisse**: 200 cigarettes ou 50 cigares ou 250g de tabac; 1*l* d'alcool (de 15° ou plus) et 2*l* d'alcool (de moins de 15°). **Canada**: 200 cigarettes et 50 cigares et 400g de tabac; 1,1*l* d'alcool ou 4,5*l* de vin ou 4,5*l* de bière.

Contrôle des changes. Il n'existe aucune limitation en la matière, ni à l'importation ni à l'exportation, qu'il s'agisse d'argent belge ou de devises étrangères (pour les ressortissants étrangers).

E

EAU

L'eau est potable dans toute la Belgique.

ELECTRICITE

Tout le pays est équipé en 220 volts, 50 hertz. Les visiteurs canadiens devront se munir d'un adaptateur.

F

FEMMES (Voir aussi VOLS ET DELITS)

Les femmes peuvent se promener à Bruges et à Gand sans être importunées. Evitez toutefois le quartier chaud de Gand, surtout la nuit.

G

GUIDES et EXCURSIONS *(gids; tolks)*
(Voir aussi POUR EQUILIBRER VOTRE BUDGET)

Bruges. Les groupes et les voyageurs indépendants loueront les services d'un guide qualifié auprès de l'Office du tourisme, pour une visite minimum de 2h. En juillet et août, des visites guidées de la ville partent tous les jours à 15h de l'Office du tourisme. Des visites avec lecteur de cassettes pour deux personnes sont également proposées.

Vous pouvez partir à la découverte des canaux de Bruges toute la journée de 10h à 18h; en hiver, les croisières ont seulement lieu les week-ends et pendant les vacances. Les bateaux partent de Rozenhoedkaai, Dijver et Mariastraat. Sur demande, des croisières nocturnes peuvent être organisées pour les groupes.

La Sightseeing Line propose des visites guidées de 50min, avec un commentaire préenregistré dans la langue de votre choix; les visites se font en minibus et partent régulièrement du Markt. La même compagnie offre, selon la saison, des visites de durées variables vers Damme; ces excursions partent aussi du Markt et peuvent comprendre une boisson et une crêpe gratuites à Damme, ainsi qu'un voyage aller-retour sur le *Lamme Goedzak*, un bateau à roues. La compagnie Quasimodo's Fun Tours organise des visites en minibus de la campagne flamande et du saillant d'Ypres, ainsi qu'un itinéraire sur le thème de la bière.

Des fiacres au départ du Burg traversent le centre-ville (pause de 10min pour les chevaux au Minnewater). Le cocher sert de guide.

Des tramways tirés par des chevaux partent tous les jours de 't Zand et proposent une visite de la ville en 45min.

Enfin, on peut découvrir Bruges et ses environs à bicyclette. La visite, qui emprunte des petites routes, comprend le VTT, le guide, le transport en bus, l'assurance et des vêtements de pluie. Pour plus de renseignements, téléphonez au (050) 34 30 45.

Gand. L'Office du tourisme de la ville fournit une liste de guides qualifiés pour des visites de 2h minimum. L'excursion «A la découverte de Gand» comprend un guide, une croisière en bateau et une visite du Beffroi.

Les visites guidées en bateau (en différentes langues) sur les canaux du centre-ville durent 45min; elles partent du Korenlei et du Graslei. Le Benelux Rederij au Recolletenlei 32, (tél. 09-225 15 05), organise tout l'été des excursions à départ fixe vers Bruges et Oidonk. On peut louer des bateaux électriques à quatre ou cinq places; l'âge minimum est de 16 ans et il est conseillé de réserver à l'avance. Pour des informations détaillées, contactez Rederij Minerva au Kareelstraat 6 (tél. 09-221 84 51). Vous avez également la possibilité de vous joindre à un groupe pour faire la tournée des bars, qui comprend une excursion en bateau et une visite à pied de la ville; pour vous renseigner ou réserver, contactez Orde van de Belleman au Rozemarijnstraat 23 (tél. 09-224 45 70).

De Pâques à octobre, vous pourrez trouver des fiacres sur Sint-Baafsplein qui vous emmèneront pour une balade de 30min au centre-ville (tous les jours de 10h à 19h).

H

HORAIRES (Voir aussi LES MUSEES DE BRUGES, LES MUSEES DE GAND et JOURS FERIES)

Banques. Elles sont généralement ouvertes du lundi au vendredi de 9h à 12h et de 14h à 16h. Certaines sont parfois ouvertes le samedi matin et jusqu'à 18h un ou deux jours par semaine.

Musées. Ils ouvrent généralement de 9h30 à 17h, mais les plus petits ferment souvent une heure pour le déjeuner. A Bruges, ils sont fermés le mardi en basse saison.

Bureaux de poste. Ils sont ouverts du lundi au vendredi de 9h à midi et de 14h à 17h. Les grands bureaux ouvrent le samedi de 9h à 12h.

Magasins. Les grands magasins ouvrent de 9h à 17h30 ou de 10h à 18h. Certaines boutiques ferment une heure pour le déjeuner. Les magasins ouvrent jusqu'à 19h le vendredi et ferment le dimanche.

Bruges et Gand

Sites touristiques. Bruges: *Beffroi et Halles*, d'avril à septembre de 9h30 à 17h; d'octobre à mars de 9h30 à 12h30 et de 13h30 à 17h. *Eglise Notre-Dame*, d'avril à septembre de 10h à 11h30 et de 14h30 à 17h, le samedi de 10h à 11h30 et de 14h30 à 16h, le dimanche de 14h30 à 17h; d'octobre à mars du lundi au vendredi de 10h à 11h30 et de 14h30 à 16h30, le samedi de 10h à 11h30 et de 14h30 à 16h, le dimanche de 14h30 à 16h30. *Hôtel de ville*, d'avril à septembre de 9h30 à 17h; d'octobre à mars de 9h30 à 12h30 et de 14h à 17h. **Gand:** *cathédrale Saint-Bavon*, de 8h30 à 18h (sauf pendant les services). *Crypte et Agneau mystique*, d'avril à octobre, du lundi au samedi de 9h30 à 12h et de 14h à 18h, le dimanche de 13h à 18h; de novembre à mars, du lundi au samedi de 10h30 à 12h et de 14h à 18h, le dimanche de 14h30 à 17h.

HOTELS et LOGEMENT (Voir aussi Auberges de Jeunesse, Camping et Hotels Recommandes)

Les offices du tourisme de Bruges et de Gand vous fourniront une liste des hôtels, qui comprend une description, les prix, les adresses, les numéros de téléphone et de fax. Ils vous réserveront une chambre si vous leur versez des arrhes (déduits de votre note d'hôtel). Si vous arrivez dans une des deux villes et que vous n'avez pas de logement, essayez d'abord les services suivants: à Bruges, le Toerisme Brugge, Burg, 8000 (tél. 050-44 86 86, fax 050-44 86 00) ou sur l'Internet, www.brugge.be/brugge; à Gand, le Dienst Toerisme van Ghent, au Botermarkt, 9000 (tél. 09-266 52 32), le bureau d'informations est dans la crypte de l'Hôtel de Ville. Bruges étant très fréquentée l'été et les week-ends, il est conseillé de réserver bien à l'avance si vous voulez vous y rendre à ces périodes. En basse saison (d'octobre à mars) ou en semaine, des hôtels offrent des tarifs promotionnels. Les tarifs indiqués dans notre liste d'hôtels recommandés (voir p.129) s'appliquent à une chambre double en haute saison (service et taxes compris; supplément pour les chambres simples).

Les hôtels sont classés selon un système d'étoiles (indiqué dans les brochures de l'Office du tourisme et par une plaque bleue apposée à l'entrée de l'hôtel), mais le nombre d'étoiles est peu lié à ce que vous trouverez. Certains quatre étoiles peuvent disposer de bons aménagements mais ne pas être à la hauteur de leur classification, tandis que des établissements moins bien classés sont charmants. Certains ont une façade et un hall superbes, mais il en est autrement des chambres. Dans la mesure du possible, demandez à voir les chambres.

Le prix de la chambre inclut souvent un petit déjeuner copieux. Si vous devez payer un supplément, n'hésitez pas à le faire (même avec un budget serré) car cela peut vous économiser un déjeuner.

La brochure de l'Office du tourisme de Bruges inclut la liste des *Bed and Breakfast*. Vous pouvez aussi choisir de rester comme hôte de l'organisation privée Chambres d'Amis Benelux. Pour plus d'informations, contactez Welcome Guest International, 27 rue Trixhe Nollet, B-4140 Dolembreux (tél. 041-68 52 52, fax 041-68 52 53).

Quel est le tarif pour une nuit ?   **Hoeveel kost het per nacht ?**

J

JOURS FERIES *(openbare feestdag)*

La plupart des magasins sont fermés les jours fériés et si les musées sont ouverts, ils afficheront les horaires du dimanche. Lorsqu'une fête tombe un dimanche, le lundi est chômé.

1er janvier	*Nieuwjaar*	Jour de l'an
1er mai	*Dag van de arbeid*	Fête du Travail
21 juillet	*Nationale feestdag*	Fête nationale
15 août	*Maria Hemelvaart*	Assomption
1er novembre	*Allerheiligen*	Toussaint
11 novembre	*Wapenstilstand*	Armistice
25 décembre	*Kerstdag*	Noël
Fêtes mobiles:	*Paasmaandag*	Lundi de Pâques
	Hemelvaartsdag	Ascension
	Pinkstermaandag	Lundi de Pentecôte

L

LANGUE

Environ 60% de la population (la moitié nord du pays) parle flamand, un dialecte néerlandais. Au sud, la Wallonie est francophone et une minorité de gens des régions orientales parle allemand.

Partant du principe que leur langue est un mystère pour la grande majorité des étrangers, les Flamands sont prêts à converser dans n'importe quelle langue de leur connaissance, mais ils apprécieront toujours vos efforts pour retenir au moins quelques-unes de leurs expressions de base.

La plupart des noms de lieux sont indiqués en flamand et diffèrent du français (Brugge et Bruges, Gent et Gand, Ieper et Ypres ou Oudenaarde et Audenarde); les menus sont souvent écrits dans les deux langues.

bonjour	**goedenavond**
bonsoir	**tot ziens**
aujourd'hui	**vandaag**
hier/demain	**gisteren/morgen**
jour/semaine	**dag/week**
mois/année	**maand/jaar**
gauche/droite	**links/rechts**
bon/mauvais	**goed/slecht**
bon marché/cher	**goedkoop/duur**
chaud/froid	**warm/koud**

Chiffres

0	**nul**	15	**vijftien**
1	**een**	16	**zestien**
2	**twee**	17	**zeventien**
3	**drie**	18	**achttien**
4	**vier**	19	**negentien**
5	**vijf**	20	**twingtig**
6	**zes**	21	**een en twintig**
7	**zeven**	30	**dertig**

8	**acht**	40	**veertig**
9	**negen**	50	**vijftig**
10	**tien**	60	**zestig**
11	**elf**	70	**zeventig**
12	**twaalf**	80	**tachtig**
13	**dertien**	90	**negentig**
14	**veertien**	100	**hondred**

Jours et mois

Lundi	**Maandag**	Vendredi	**Vrijdag**
Mardi	**Dinsdag**	Samedi	**Zaterdag**
Mercredi	**Woensdag**	Dimanche	**Zondag**
Jeudi	**Donderdag**		
Janvier	**Januari**	Juillet	**Juli**
Février	**Februari**	Août	**Augustus**
Mars	**Maart**	Septembre	**September**
Avril	**April**	Octobre	**Oktober**
Mai	**Mei**	Novembre	**November**
Juin	**Juni**	Décembre	**December**

LOCATION de BICYCLETTES

Bruges encourage les cyclistes en les autorisant à utiliser plus de 50 rues à sens unique dans les deux sens. Plusieurs endroits louent ou prêtent des vélos. Certains hôtels mettent des bicyclettes à la disposition de leurs clients (renseignez-vous à votre arrivée). Vous pourrez louer des vélos à la journée à la gare ferroviaire de Bruges et à la gare Saint-Pierre de Gand; vous aurez une réduction si vous présentez un billet de train encore valable. A Gand, vous trouverez des tandems. Vous pouvez laisser votre vélo dans une autre gare participant à l'opération; les gares vous fourniront une brochure, ou informez-vous auprès de l'Office belge du tourisme.

A Bruges, la compagnies 't Koffieboontje au Hallestraat 4 (tél. 33 80 27) loue également des vélos, mais à des prix plus élevés.

J'aimerais louer une bicyclette.   **Ik zou graag een fiets huren.**

LOCATION de VOITURES *(autoverhuur)* (Voir aussi Pour Equilibrer Votre Budget et Conduire en Belgique)

Il existe de nombreuses compagnies de location de voitures; si vous en avez le temps, comparez leurs tarifs. Les offices du tourisme fournissent des informations sur ces compagnies (leurs noms sont aussi dans les pages jaunes de l'annuaire – *gouden gids*). La carte de crédit est le mode de paiement le plus apprécié. Vous devrez être en possession de votre permis de conduire et de votre passeport (ne les laissez jamais en caution). Certains hôtels ont des accords avec des compagnies de location de voitures, mais normalement vous payerez un supplément pour que la voiture soit livrée à l'hôtel. L'âge minimum requis va de 20 à 25 ans selon la compagnie et le véhicule choisi.

MEDIAS

Journaux et magazines *(krant; tijdschrift)*. Les publications belges sont en vente partout. On trouve les grands journaux et magazines étrangers dans les boutiques et les kiosques des gares ferroviaires.

| Avez-vous des journaux en français ? | **Heeft u Franse kranten ?** |

Radio et télévision. Si votre chambre d'hôtel est équipée d'un téléviseur, vous pourrez capter jusqu'à 30 chaînes. Les émissions nationales sont en français et en flamand; à celles-ci viennent s'ajouter les programmes allemands, américains, espagnols, français, italiens, luxembourgeois, néerlandais et portugais.

La Radiodiffusion Télévision Belge de la Communauté Française (RTBF) regroupe quatre stations de langue française.

OBJETS TROUVES

Renseignez-vous au poste de police. A Bruges, le commissariat est au Hauwerstraat 7 (tél. 44 88 44). A Gand, contactez le poste de police le plus proche (sous *Politie* dans l'annuaire). Les chauffeurs de taxi apportent généralement les objets trouvés au poste de police ou à leur bureau central.

J'ai perdu mon sac à main/passeport.	**Ik ben mijn handtas/paspoort kwijt.**

OFFICES du TOURISME

France:	21, boulevard des Capucines, 75002 Paris; tél. (1) 47 42 41 18.

Les ressortissants du **Canada** et de la **Suisse** devront contacter l'Office de Promotion du Tourisme (OPT), au 63, rue du Marché-aux-Herbes, 1000 Bruxelles; tél. (02) 504 02 00.

L'Office du tourisme de Bruges (tél. 050-44 86 86), est situé dans le Burg; il est ouvert tous les jours de 10h à 13h et de 13h30 à 18h en été et de 9h30 à 17h30 en hiver. Il y en a un autre à la gare ferroviaire, d'où vous pourrez louer une chambre d'hôtel. A Gand, l'Office du tourisme est installé dans la crypte de l'Hôtel de Ville, au Botermarkt; tél. (09) 266 52 32.

Où est l'Office du tourisme?	**Waar is het verkeersbureau ?**

PHOTOGRAPHIE et VIDEO

Vous trouverez des pellicules et des films de tous les types.

J'aimerais un film pour cet appareil.	**Mag ik een film voor dit toestel.**
Combien de temps faut-il pour développer ce film ?	**Hoe lang duurt het ontwikkelen van deze film ?**

POLICE (Voir aussi URGENCES)

Il existe deux forces de l'ordre: la *rijkswacht*, qui est chargée du contrôle de la circulation et des foules, et la *politie* qui s'occupe de l'application de la loi et du maintien de l'ordre. Si vous avez besoin d'aide, contactez la *politie* au **101**. Les agents ne sont pas très présents dans les rues; ils portent des uniformes bleu foncé. Tout vol doit être signalé au poste de police le plus proche.

Où est le poste de police le plus proche?	**Waar is het dichtsbijzijnde politiebureau ?**

POSTES et TELECOMMUNICATIONS (Voir aussi DECALAGE HORAIRE et HORAIRES)

Bureaux de poste (*posterijen*). La grande poste de Bruges est située au Markt 5. Celle de Gand se trouve au Korenmarkt 16; vous en trouverez une autre à la gare Saint-Pierre. Les bureaux de poste sont ouverts de 9h à 17h du lundi au vendredi et le samedi matin. Les petits bureaux ferment pour le déjeuner de 12h à 14h. Les boîtes aux lettres sont rouges et ornées d'un clairon blanc. Les marchands de journaux et les libraires vendent aussi des timbres.

Télégrammes, télécopies et télex. La plupart des hôtels ont un télécopieur et un téléscripteur. Aux heures de bureaux, vous pouvez aussi envoyer vos télécopies et télégrammes depuis les gares et les postes. Gand possède un centre de télégramme et de téléphone, au Keiser Karelstraat 1.

Téléphone. Belgacom, qui dirige le système téléphonique belge, offre des services fiables. Les téléphones des hôtels sont les plus pratiques mais chers. Les cabines publiques sont nombreuses surtout dans les villes et les gares. Celles avec des drapeaux européens permettent d'appeler des pays étrangers et ont des instructions en français, anglais et allemand. Bon nombre de cabines fonctionnent avec des cartes, en vente dans les bureaux de poste, les librairies, les bureaux de tabac et les gares ferroviaires.

L'indicatif pour la Belgique est le 32, le 02 pour Bruxelles, le 050 pour Bruges et le 09 pour Gand. L'annuaire belge est connu sous le nom de *gouden gids* (pages jaunes).

Un timbre pour cette lettre/ carte postale, s'il vous plaît.	**Een postzegel voor deze brief/ briefkaart, alstublieft.**
par avion	**luchtpost**
recommandé	**aangetekend**

POURBOIRE

La question ne se pose pas car le service est compris dans les notes, mais il existe des exceptions: la préposée aux toilettes publiques attendra un pourboire d'environ 10 FB, et le portier ou la femme de chambre des hôtels les plus chers espéreront aussi quelque chose.

RECLAMATIONS *(klacht)*

Si vous avez une réclamation à formuler, demandez à parler tout de suite à la personne responsable, puis, selon la nature de votre réclamation, rendez-vous à l'Office du tourisme ou au poste de police.

RELIGION *(kerkdienst)*

L'Eglise catholique romaine prédomine, avec une assez forte minorité protestante. Votre hôtel vous indiquera les adresses des lieux de culte.

SANTE et SOINS MEDICAUX (Voir aussi URGENCES)

Les visiteurs des pays membres de l'Union européenne peuvent être soignés gratuitement en Belgique ou se faire rembourser à leur retour. Avant leur départ, ils devront demander un formulaire E111 auprès de leur caisse de Sécurité sociale. Il est cependant conseillé de souscrire une assurance complémentaire qui couvre les maladies, les accidents et la perte de bagages. Pour les visiteurs n'appartenant pas à l'Union européenne, une assurance est indispensable.

Bruges et Gand

Les pharmacies belges (*apotheek*) sont repérables à leur croix verte. La liste des pharmacies de garde est apposée sur la porte des officines et publiée dans la presse locale du week-end.

Où est la pharmacie de garde ? **Waar is de dienstdoende apotheek ?**

SAVOIR-VIVRE (Voir aussi POURBOIRE)

Les habitants de Bruges et de Gand sont ouverts, amicaux et patients. Employez les quelques mots de flamand que vous connaissez. La plupart des cafés et des restaurants disposent de zones fumeurs.

T

TRANSPORTS (Voir aussi POUR EQUILIBRER VOTRE BUDGET)

A Bruges et à Gand, les sites sont proches les uns des autres et les transports publics ne présentent pas de difficultés.

Autobus. A Bruges, allez au Markt ou à la gare ferroviaire pour prendre les bus en direction de la banlieue. Les cars d'excursions et les bus pour la visite de la ville partent aussi du Markt. Vous trouverez d'autres arrêts de bus importants à Wollestraat, Biekorf et Kuipersstraat. Un forfait journalier permet d'effectuer un nombre illimité de voyages dans les bus de la ville. Les cars régionaux (pour des lieux à l'extérieur de Bruges) s'arrêtent à la gare ferroviaire et à 't Zand. Un numéro gratuit, le (059) 56 53 53, vous informera sur les bus et les cars; leurs horaires sont affichés à l'Office du tourisme.

A Gand, la gare d'autobus se trouve devant la gare Saint-Pierre, qui sert aussi de terminus à de nombreux tramways. Vous pouvez également prendre un bus ou un tram au centre-ville, devant la poste.

Trains (*trein*). Le réseau ferroviaire belge est excellent. Bruges et Gand sont sur la ligne Bruxelles-Zeebrugge. Les trains sont ponctuels et fréquents. Les annonces sont faites en flamand, en français et en anglais. Renseignez-vous dans les gares de Bruges et de Gand.

Le *B-Tourrail* permet de voyager sur le réseau pendant cinq jours (pas forcément consécutifs; à utiliser sur une période de 1 mois).

Quand part le prochain bus/train pour…?	**Wanneer vertrekt de volgende bus/trein naar…?**
J'aimerais un billet pour…	**Ik wil graag een kaartje naar…**
aller/aller-retour	**enkele reis/retour**

Taxis. Les taxis sont nombreux – notamment à l'extérieur des gares. Ils sont cependant difficiles à héler dans la rue, car cela ne se fait guère. A Bruges, vous aurez toutes les chances d'en trouver un au Markt; à Gand, rendez-vous devant la poste centrale.

URGENCES *(noodgeval)*
(Voir aussi POLICE et SANTE ET SOINS MEDICAUX)

Les numéros de téléphone ci-dessous sont valables dans tout le pays.

Police secours	**101**
Accidents	**112**
Pompiers	**100**
Il me faut un médecin/ un dentiste.	**Ik heb een arts/ een tandarts nodig.**
hôpital	**ziekenhuis**

VOLS et DELITS (Voir aussi POLICE et URGENCES)

La densité et le nombre de touristes visitant les rues de Bruges rendent la ville extrêmement sûre: vous serez rarement seul ou loin du centre. Le taux de criminalité est très bas, mais cela ne doit pas vous empêcher de prendre les précautions d'usage: faites attention à votre appareil photo, à votre sac et à vos effets personnels. Laissez vos objets de valeur dans le coffre de votre hôtel.

Bruges et Gand

Gand est également très sûre, mais il est conseillé d'éviter le quartier chaud situé entre Keiser Karelstraat et Vlaanderenstraat, ainsi que le quartier de la gare Saint-Pierre tard le soir.

VOYAGEURS GAYS et LESBIENNES

L'organisation nationale pour les homosexuels est à Bruxelles au 81, rue du Marché au Charbon (tél/fax. 02-502 24 71; e-mail ilga@glo.be). L'âge de consentement pour les hommes homosexuels est de 16 ans.

VOYAGEURS HANDICAPES

Les aménagements et les accès aux transports publics et aux monuments des deux villes sont inégaux. Les rues pavées et les édifices médiévaux de Bruges rendent la visite des principaux sites difficile (les rampes d'accès et mains courantes sont inexistantes). Quelques hôtels disposent de rampes, mais les lois d'aménagement des anciens hôtels interdisent la pose d'ascenseurs; la plupart des chambres ne sont donc accessibles que par l'escalier. Les musées subissent souvent les mêmes restrictions et peuvent comporter de nombreux escaliers. La situation est identique à Gand.

Certains des grands hôtels (d'une chaîne) proposent des chambres spécialement aménagées pour les visiteurs handicapés (voir HOTELS RECOMMANDES). Vous trouverez généralement deux ou trois de ces chambres par établissement.

Les transports publics et les trains ne sont pas équipés de rampes d'accès ni d'ascenseurs, et l'entrée des wagons est si haute qu'y pénétrer relève de l'escalade.

Dans les deux villes, aux grandes intersections, des dalles granitées ont été mises en place. Les visiteurs doivent être prudents près des canaux qui ne comportent généralement pas de rambarde.

Les offices du tourisme vous fourniront des informations sur les aménagements disponibles. Celui de Bruges publie notamment une carte indiquant les places de parking gratuites pour les conducteurs handicapés.

Hôtels recommandés

Même si Bruges et Gand disposent sensiblement de la même capacité d'accueil, les hôtels de Bruges sont dans l'ensemble plus petits que ceux de Gand. Bruges possède une centaine d'établissements, bien répartis dans la ville; les hôtels gantois en revanche sont davantage concentrés dans le centre-ville et à proximité de la gare.

Les établissements membres d'une grande chaîne offrent de bonnes prestations, mais il serait dommage de se priver de l'hospitalité flamande des hôtels locaux. Les offices du tourisme des deux villes mettent à la disposition des visiteurs la liste des établissements.

Il est conseillé de réserver à l'avance. Bruges est très fréquentée en été et prisée les week-ends. Gand attire moins de monde, mais c'est tout de même une ville animée. Les prix correspondent au tarif par nuit d'une chambre double avec salle de bains ou douche. Le service, la TVA et le petit déjeuner sont compris.

✱	moins de 2500 FB
✱✱	de 2500 à 5000 FB
✱✱✱	plus de 5000 FB

BRUGES

Acacia ✱✱ *Korte Zilverstraat 3a, 8000 Bruges; tél. (050) 34 44 11, fax (050) 33 88 17.* Situé au centre-ville, dans une rue relativement calme donnant sur le Markt, cet hôtel moderne (appartenant à la chaîne Best Western) offre 36 chambres de bonne taille, toutes avec salle de bains, télévision, kitchenette, mini-bar, radio, téléphone et coffre. L'ameublement est passe-partout, de style international. L'hôtel dispose aussi d'un centre de remise en forme (avec piscine), de salles de réunion et d'un parking souterrain. Personnel amical et accueillant. Principales cartes de crédit.

Alfa Dante ❋❋ *Coupure 29A, 8000 Bruges; tél. (050) 34 01 94, fax (050) 34 35 39.* A environ 10min de marche du centre de Bruges, cet hôtel tranquille est situé loin de la foule sur le bord du canal. Ce bâtiment moderne, en brique, propose 22 chambres, toutes avec salle de bains, télévision, radio, téléphone et mini-bar. Décoration discrète; ambiance amicale et détendue; personnel serviable. L'établissement dispose d'un petit bar et de salles de conférences. A côté du hall, dans la serre, se trouve un excellent restaurant végétarien ouvert à tous. Principales cartes de crédit.

Azalea ❋❋ *Wulfhagestraat 43, 8000 Bruges; tél. (050) 33 14 78, fax (050) 33 97 00.* Ce confortable hôtel familial, situé dans une maison du XIVe siècle, se trouve sur le bord du canal Speelmansrei, à 200 m du Markt. Ses 25 chambres (certaines dans la nouvelle aile) ont une salle de bains ou une douche, la radio, la télévision, le téléphone et un mini-bar. L'établissement comporte aussi un bar, une terrasse et un parking. Certaines chambres ne sont accessibles que par un charmant escalier Art nouveau. La rue est parfois animée jusqu'à 22h. Hôtel chaleureux. Principales cartes de crédit.

Bourgoensch hof ❋❋ *Wollestraat 39, 8000 Bruges; tél. (050) 33 16 45, fax (050) 34 63 78.* Superbement situé à la jonction de deux canaux, cet hôtel tranquille se trouve sur une petite place du centre-ville. La plupart de ses 11 chambres spacieuses, sont équipées du téléphone et de la télévision. L'excellent buffet du petit déjeuner est servi dans une salle élégamment décorée et donnant sur le canal. L'hôtel offre aussi un bistro, situé à la cave, et un accueillant restaurant flamand (ouvert aux non-résidents) qui vaut le détour. Service discret mais amical et obligeant. Principales cartes de crédit.

Cavalier ❋ *Kuiperstraat 25, 8000 Bruges; tél. (050) 33 02 07, fax (050) 34 71 99.* Ce petit établissement ne dispose que de huit chambres, toutes avec salle de bains, télévision et téléphone. Sous un extérieur un peu délabré et des peintures murales un peu étranges se cache une résidence accueillante et organisée, qui offre un bon rapport qualité-prix. L'hôtel accepte les chiens. Principales cartes de crédit.

De Orangerie ❋❋❋ *Kartuizerinnestraat 10, 8000 Bruges; tél. (050) 34 16 49, fax (050) 33 30 16.* Cette superbe résidence du XVIIe siècle est idéalement située au bord du canal face au Dijver. Les chambres, meublées avec goût, offrent une vue charmante et des salles de bains en marbre luxueuses. La lumière se répand depuis la véranda centrale jusqu'aux tableaux, antiquités et sofas. Les petits déjeuners sont servis dans une salle lambrissée dotée d'une vaste cheminée ou, en été, dans une véranda qui donne sur le canal. Les clients peuvent utiliser la piscine et le sauna du De Tuilerieen. Les employés sont aimables et très serviables. 19 chambres. Principales cartes de crédit.

De Tuilerieen ❋❋❋ *Dijver 7, 8000 Bruges; tél. (050) 34 36 91, fax (050) 34 04 00.* Hôtel voisin du De Orangerie, de l'autre côté du canal, il rivalise en confort et en accueil. Proche des principaux musées, l'hôtel comporte 25 chambres avec salle de bains, téléphone, mini-bar et télévision. Il abrite une piscine, un sauna, un solarium, une salle de conférences, un bar privé et un parking. Le bâtiment, un élégant hôtel particulier, est décoré avec goût dans des tons de beige, bleu et vert. Les chambres donnant sur la rue offrent une vue superbe sur le canal. Principales cartes de crédit.

Duc de Bourgogne ❋❋ *Huidenvettersplein 12, 8000 Bruges; tél. (050) 33 20 38, fax (050) 34 40 37.* Installé au cœur de la ville sur l'historique place des Tanneurs, c'est un petit établissement de 10 chambres occupant une belle maison à pignons avec vue sur le canal. Chaque chambre dispose d'une salle de bains et du téléphone. Tout l'hôtel est élégamment meublé, avec des tapisseries décorant les murs, des lustres et des brocarts. De plus, le restaurant de l'établissement vous propose une vue panoramique sur les canaux de Bruges. Principales cartes de crédit.

Inter ❋ *Hoefijzerlaan 21, 8000 Bruges; tél. (050) 33 87 31, fax (050) 34 21 09.* Ravissant bâtiment de style classique, cet hôtel est désavantagé par sa situation, le long d'une route très fréquentée. Pour vous rendre au centre-ville, à 10min, vous devrez faire face à une importante circulation. Les 13 chambres ont toutes une salle de bains privée, la télévision et le téléphone. Parking. Principales cartes de crédit.

Maraboe ✸✸ *Hoefijzerlaan 9, 8000 Bruges; tél. (050) 33 81 55, fax (050) 33 29 28.* Cet attrayant petit hôtel est situé dans un agréable bâtiment classique, malheureusement bordé par une rue bruyante et une voie inférieure de l'autoroute. Les neuf chambres, agréablement décorées dans un style moderne aux tons verts et orange, disposent d'une salle de bains, de la radio, du téléphone et de la télévision. Il y a aussi un petit bar, et l'hôtel est fier de son restaurant qui utilise des produits frais du marché. L'établissement est tout près de la place 't Zand, à 10min à pied du centre-ville. Ses prix sont parmi les plus bas des hôtels moyens. Demandez une chambre donnant sur l'arrière. Principales cartes de crédit.

Novotel Brugge Zuid ✸✸ *Chartreuseweg 20-8200 Sint-Michiels, Bruges; tél. (050) 40 21 40, fax (050) 40 21 41.* Cet hôtel de la banlieue sud, à 15-20min en voiture du centre-ville, appartient à la chaîne Novotel. Ses 101 chambres (dont deux pour visiteurs handicapés) sont équipées de la télévision, du téléphone et d'un mini-bar. Il dispose aussi d'un bar et d'une salle à manger ouverte 24h/24. Parfait pour les groupes, il offre des salles de conférences et une piscine en plein air. Principales cartes de crédit.

Prinsenhof ✸✸ *Ontvangersstraat 9, 8000 Bruges; tél. (050) 34 26 90, fax (050) 34 23 21.* Cet hôtel familial, situé dans un quartier tranquille du centre de Bruges, offre son propre parking. Son entrée élégamment meublée et lambrissée est en accord avec le reste de l'établissement, avec ses lustres et ses meubles anciens. Confortablement aménagé dans un style traditionnel, il dégage une ambiance chaleureuse et amicale qui le rend encore plus accueillant après une longue journée. Le service est obligeant et amical. Les chambres sont impeccables (avec télévision, téléphone et mini-bar) et équipées de superbes salles de bains pourvues de serviettes moelleuses. Le petit déjeuner est l'un des meilleurs et des plus copieux de la ville. Dans le livre d'or, on peut lire un commentaire qui le résume parfaitement: «Un hôtel de campagne au cœur de la ville.» 16 chambres. Principales cartes de crédit.

Relais Oud Huis Amsterdam ❀❀❀ *Spiegelrei 3, 8000 Bruges; tél. (050) 34 18 10, fax (050) 33 88 91.* Situé dans des maisons jumelles du XVIIe siècle de la pittoresque Spiegelrei, cet hôtel est superbement décoré dans un style antique. L'adorable escalier central conduit à 25 chambres confortables, qui proposent toutes une salle de bains, une télévision et un téléphone. Lambris, poutres et tableaux sont omniprésents. Les chambres donnant sur la rue ont vue sur le canal. L'hôtel dispose d'un bar, d'une terrasse et de plusieurs salles de réunion. Même si l'établissement possède un ascenseur, il n'est guère adapté aux visiteurs handicapés. Principales cartes de crédit.

Ter Brughe ❀❀ *Oost-Gistelhof 2, 8000 Bruges; tél. (050) 34 03 24, fax (050) 33 88 73.* Cette maison du XVIe (le plus bel hôtel de Bruges) est située dans l'élégant quartier Saint-Gilles, à 5min à pied du centre. Le bâtiment en gothique tardif a été entièrement rénové en 1982 et comporte 24 chambres (certaines avec vue superbe sur le canal) avec salle de bains, télévision et mini-bar. Le copieux buffet du petit déjeuner est servi dans une cave voûtée aux poutres apparentes du XIVe siècle, qui fut jadis un entrepôt pour les marchandises qui transitaient par le canal. Les meubles ne sont pas toujours en accord avec le bâtiment et il n'y a pas d'ascenseur, mais c'est un établissement raffiné. Principales cartes de crédit.

GAND

Alfa Flanders ❀❀❀ *Koning Albertlaan 121, 9000 Gand; tél. (09) 222 60 65, fax (09) 220 16 05.* Situé à quelques minutes au nord de la gare principale, cet hôtel moderne comporte 49 chambres avec salle de bains individuelle, télévision et téléphone. Décoré dans un style international, l'établissement dispose également d'un bar, d'un restaurant (relativement sombre) et d'un parking. Le service y est amical et courtois. Principales cartes de crédit.

Astoria ❀❀ *Achilles Musschestraat 39, 9000 Gand; tél. (09) 222 84 13, fax (09) 220 47 87.* Cet hôtel de 14 chambres jouxte la gare ferroviaire et peut être bruyant la nuit, sauf si vous demandez une chambre sur l'arrière. Cependant, les propriétaires ont consenti un bel effort pour rendre leur hôtel confortable. Toutes les chambres offrent salle de bains, radio, télévision et téléphone. La salle du petit déjeuner est spacieuse et tout l'établissement est agréablement meublé et décoré. Le parking privé est situé à l'arrière du bâtiment. Principales cartes de crédit.

Chamade ❋❋ *Blankenbergestraat 2, 9000 Gand; tél. (09) 220 15 15, fax (09) 221 97 66.* Ce confortable établissement de 36 chambres est à quelques minutes de la gare ferroviaire. On sent qu'un effort a été fait et que l'imagination ne manque pas. Le petit déjeuner est servi au dernier étage pour que vous ayez une vue panoramique sur la ville. Le personnel est très amical et serviable. Les jolies chambres sont spacieuses et disposent d'une salle de bains, de la télévision, du téléphone, d'un mini-bar et d'un bureau. L'établissement propose une petite salle de conférences et un parking privé. Tarifs réduits pour les groupes le week-end. Principales cartes de crédit.

Flandria ❋ *Barrestraat 3, 9000 Gand; tél. (09) 223 06 26, fax (09) 233 77 89.* Hôtel très simple et bon marché, situé dans une rue calme à environ 5min de marche du Botermarkt. Ses 21 chambres sont meublées avec simplicité. Certaines sont petites; et seulement 13 possèdent une salle de bains. Elles sont généralement propres, mais certains lavabos sont craquelés et de mystérieux trous décorent quelques baignoires. Un établissement uniquement fait pour dormir et se laver; idéal pour une nuit, il attire les jeunes visiteurs avec un budget serré. Petit déjeuner copieux, service très amical. C'est un établissement qui ne réserve aucune mauvaise surprise. N'accepte pas la carte American Express.

Gravensteen ❋❋ *Jan Breydelstraat 35, 9000 Gand; tél. (09) 225 11 50, fax (09) 225 18 50.* Situé dans une demeure datant du XIXe siècle, cet hôtel est séparé du château des Comtes par les eaux. Bon nombre de ses 26 chambres offrent de ravissantes vues sur les toits environnants. L'établissement donne une image de luxe, mais une fois passé l'imposante entrée, vous découvrirez un hôtel relativement ordinaire. Les chambres comprennent salle de bains, télévision, radio, téléphone et mini-bar; cependant, vu l'âge du bâtiment, les salles de bains sont souvent petites et logées dans les recoins. Les petits déjeuners flamands ne sont pas aussi copieux qu'à l'habitude. Cet hôtel a la même direction que le St Jorishof-Cour St Georges. Principales cartes de crédit.

Hôtel Sofitel Gent-Belfort ❀❀❀ *Hoogpoort 63, 9000 Gand; tél. (09) 233 33 31, fax (09) 233 11 02.* Probablement le meilleur hôtel de Gand, le Sofitel est situé au centre-ville, face à l'hôtel de ville. Ses 127 chambres sont décorées dans un style moderne et équipées de belles salles de bains, de la radio, de la télévision et du téléphone. Les couloirs, le foyer et les autres parties communes sont spacieuses. L'hôtel est aménagé pour les fauteuils roulants. Le restaurant sert un merveilleux petit déjeuner, de la cuisine flamande traditionnelle et des mets d'autres pays pour des occasions particulières. Service amical, discret et efficace. Il y a deux bars (dont une ancienne crypte), une salle de remise en forme, un sauna, des aménagements pour les séminaires et banquets et un parking. Meilleur marché que la plupart des hôtels de sa catégorie; excellent rapport qualité-prix. Fortement recommandé. Principales cartes de crédit.

Ibis Gent Centrum Kathedraal ❀❀ *Limburgstraat 2, 9000 Gand; tél. (09) 233 00 00, fax (09) 233 10 00.* Superbement situé juste en face de la cathédrale Saint-Bavon, cet hôtel moderne offre 120 chambres (toutes avec salle de bains, télévision et téléphone) et une jolie vue sur de jolies plates-bandes à dominance bleue. L'établissement dispose d'un restaurant, d'un bar et d'un parking. Vue agréable sur la place Saint-Bavon, la cathédrale et le Beffroi depuis de nombreuses chambres donnant sur la rue, mais étonnamment paisibles. Cet établissement propose aussi quelques chambres pour les visiteurs handicapés. Le service est amical. Il y a un autre hôtel Ibis à Gand; il est installé au Gent Centrum Opera, au Nederkouter 24-6; tél. (09) 225 07 07, fax (09) 223 59 07. Principales cartes de crédit.

Novotel Gent Centrum ❊❊ *Goudenleeuwplein 5, 9000 Gand; tél. (09) 224 22 30, fax (09) 224 32 95.* Cet établissement est l'un des plus beaux hôtels de la chaîne Novotel, construit tout autour d'une cour centrale, en plein cœur de Gand. La crypte comporte des fondations du XIVe siècle; au-dessus se trouvent le hall d'entrée et un bar. Les 117 chambres correspondent au style Novotel, avec salle de bains, télévision et téléphone (celles donnant sur la cour sont très calmes). L'hôtel propose quelques chambres pour les visiteurs handicapés. Les petits déjeuners sont copieux et de qualité. L'hôtel possède également un restaurant, une piscine, des salles de réunion et un parking. Principales cartes de crédit.

St Jorishof-Cour St Georges ❊❊ *Botermarkt 2, 9000 Gand; tél. (09) 224 24 24, fax (09) 224 26 40.* Situé au centre, face à l'hôtel de ville, cet établissement offre un petit nombre de chambres assez confortables dans son immeuble historique, ainsi que quelques chambres de style motel dans son annexe (en face). Le bâtiment principal date de 1228 et possède une riche histoire. Sachez que même si l'hôtel affiche des photos de ses plus belles chambres, vous risquez bien d'être logé dans une des chambres sans goût, petites, sombres et sans vue de l'annexe. L'ascenseur ne contient guère plus d'une personne. Le petit déjeuner est servi dans le bâtiment principal; toutefois, il est loin d'être au niveau de la réputation flamande. L'établissement se concentre principalement sur son restaurant flamand traditionnel et très apprécié. 28 chambres. Principales cartes de crédit.

Trianon I ❊ *Sint-Denijslaan 203, 9000 Gand; tél. 221 39 44, fax 220 49 50.* Situé sur le côté sud (le plus bruyant) de la gare ferroviaire, le Trianon I est à 5min en tram du centre-ville. Les 17 chambres de ce petit établissement moderne sont parfaitement acceptables et confortables; un excellent choix si vous avez un budget serré. Toutes les chambres ont leur propre salle de bains et téléphone; accessible aux fauteuils roulants. Hôtel jumelé au Trianon II (Voskenlaan 34; tél. 220 48 40, fax 220 49 50). Principales cartes de crédit.

Restaurants recommandés

Le choix est grand. La plupart des établissements offrent une cuisine flamande (dominée par les produits de la mer), mais il existe aussi de nombreuses autres options. Sauf pour les restaurants chers, les réservations ne s'avèrent pas nécessaires – même si en haute saison il faut arriver tôt pour avoir une table. Les menus touristiques et autres menus à prix fixe offrent le meilleur rapport qualité-prix et le déjeuner revient moins cher que le dîner.

Les heures d'ouverture varient selon la nature de l'établissement. Les cafés et les bars sont généralement ouverts toute la journée; c'est aussi le cas de nombreux restaurants simples. Les autres restaurants ouvrent deux ou trois heures pour le déjeuner et ferment jusqu'au soir.

Les prix indiqués correspondent à un repas composé de trois plats, boissons non comprises. Le service et la taxe sont compris dans la note.

✹	moins de 600 FB
✹✹	de 600 à 100 FB
✹✹✹	plus de 1000 FB

BRUGES

De Belegde Boterham ✹ *Kleine Sint-Amandsstraat 5, 8000 Bruges; tél./fax (050) 34 91 31.* L'adorable vitrine décorée de couronnes de pains maison vous attirera dans ce café-pâtisserie qui sert des aliments complets; en été, vous pourrez manger à sa terrasse. L'accueillante propriétaire fait la cuisine sur place. La carte comprend des salades et des sandwichs flamands frais, ainsi que des gâteaux et des tourtes. Pas de cartes de crédit.

Den Gouden Harynck ✸✸✸ *Groeninge 25, 8000 Bruges; tél. (050) 33 76 37, fax (050) 34 42 70.* Très raffiné, ce restaurant est installé dans une charmante maison de brique portant une enseigne en forme de hareng. Les tables sont couvertes de nappes amidonnées, des portraits accrochés aux murs vous regardent avec envie, tandis qu'un feu flambe dans la cheminée. Nouvelle cuisine flamande; ingrédients frais, préparés avec soin et présentés avec goût. Le caviar est une spécialité de la maison et le restaurant offre une belle carte des vins. Principales cartes de crédit.

De Stove ✸✸ *Klein Sint-Amandsstraat 4, 8000 Bruges; tél. (050) 33 78 35, fax (050) 33 79 32.* Petit restaurant intime situé à l'angle de la rue. Malgré son décor simple (les murs sont blanchis à la chaux), il est charmant le soir à la lueur des bougies. Spécialités flamandes, avec l'accent sur le poisson, les salades et les steaks; excellent tiramisu. On vous proposera des menus à partir de 950 FB. Principales cartes de crédit.

Het Dagelijks Brood ✸ *Philipstockstraat 21, 8000 Bruges; tél. (050) 33 60 50, fax (050) 33 67 66.* Ici, vous pouvez acheter des pains et des gâteaux frais, mais allez-y pour le petit déjeuner, le déjeuner ou le thé et vous découvrirez une atmosphère familiale. La salle est dominée par une immense table où la plupart des clients s'assoient, sous un plafond dont les poutres sont savamment recouvertes de tapisseries. Vous aurez à choisir parmi un vaste choix de sandwichs et de salades (avec des variantes végétariennes), de simples et délicieux déjeuners toscans (la qualité italienne servie en quantité flamande), ou de succulents gâteaux, qui s'accordent à la perfection avec la rafraîchissante Brugs Tarweiber (ou Blanche de Bruges). Pas de cartes de crédit.

Koffieboontje ✸ *Hallestraat 4, 8000 Bruges; tél. (050) 33 80 27, fax (050) 34 39 04.* Situé dans l'hôtel du même nom, ce café-restaurant, non loin du Markt, est simple (presque désorganisé) et toujours bondé. Il offre une grande variété d'en-cas, de mets flamands et certains plats végétariens (la carte est en vitrine). Il attire une clientèle de jeunes voyageurs avec sac à dos, alléchés par les menus fixes d'un excellent rapport qualité-prix. Pas de cartes de crédit.

Ristorante le due Venezie ✹✹ *Kleine Sint-Amandsstraat 2, 8000 Bruges; tél. (050) 33 23 26.* Trattoria populaire vite complète en soirée; il est conseillé d'arriver tôt. Avec sa longue carte de plats italiens (dont des versions végétariennes), le choix est difficile. Une fois votre décision prise, les serveurs se crieront la commande d'une table à l'autre et se frayeront un chemin parmi les clients en portant d'immenses assiettes de nourriture. Notez que l'établissement est accessible aux fauteuils roulants. N'accepte pas la carte American Express.

Spinola ✹✹✹ *Spinolarei 1, 8000 Bruges; tél. (050) 34 17 85, fax (050) 34 13 71.* A côté de la pittoresque Jan Van Eyckplein, ce restaurant superbement meublé est un plaisir. Ses chaises sont recouvertes de riches brocarts et des tapisseries ornent les murs. Les mets sont à la hauteur du décor, avec des spécialités de poisson; goûtez les succulents scampis au beurre d'ail ou la traditionnelle anguille grillée. Gardez un peu de place pour l'exquise tarte tatin (une autre spécialité de la maison). La carte des vins est chère et imposante. Principales cartes de crédit.

Toermalijn Restaurant ✹✹ *Coupure 29A, 8000 Bruges; tél. (050) 34 01 94, fax (050) 34 35 39.* Petit restaurant végétarien tranquille situé dans la véranda de l'hôtel Alfa Dante. Service lent mais aimable et courtois, qui vous laisse du temps entre les plats. Vous y dégusterez de copieuses soupes de haricots, des plats principaux à base de riz et de légumes braisés accompagnés de salades exotiques, et des desserts préparés avec des fruits frais. Ouvert à midi et en soirée. Il est fortement conseillé de réserver pour le dîner). Principales cartes de crédit.

Trium Trattoria ✹ *Academiestraat 23, 8000 Bruges; Pas de téléphone.* Pour une raison uniquement connue des propriétaires, cette trattoria proposant des plats italiens est décorée de bustes grecs. On y propose un large choix de pâtes et de sauces, de salades et de pizzas. On peut manger sur place, dans une grande salle en pin brut, ou bien emporter sa commande. Les superbes pâtes séchées accrochées dans la vitrine vous pousseront à entrer et, une fois que vous y aurez mangé, vous y retournerez! Le restaurant est ouvert toute la journée jusqu'à 20h et propose divers plats végétariens. Principales cartes de crédit.

GAND

Buddhasbelly ❋❋ *Hoogpoort 30, 9000 Gand.* Ce restaurant végétarien à l'ameublement clairsemé accueille surtout une clientèle d'étudiants. Le menu est limité mais acceptable, surtout si vous ne souhaitez pas vous éloigner du centre-ville. Un endroit désorganisé, avec des gens qui bloquent le passage ou se réunissent autour d'une grande table. Principales cartes de crédit.

Casa de Las Tapas ❋❋ *Cordowaniersstraat 41, 9000 Gand; tél. (09) 225 18 89.* Restaurant espagnol très populaire (surtout au déjeuner), situé dans ce qui est rapidement en train de devenir l'allée des restaurants du quartier de Patershol; allez-y donc assez tôt. Vous y rencontrerez des personnes venues de tous les horizons, notamment de nombreux Espagnols (signe que la nourriture est bonne). Cet établissement est très animé et offre une ambiance amicale. Vous y mangerez au son du flamenco. Visa uniquement.

Het Dagelijks Brood ❋ *Walpoortstraat 9, 9000 Gand; tél. (09) 224 18 25.* Un peu éloigné du centre-ville, à proximité de l'université, ce jumeau de l'établissement de Bruges du même nom est décoré de façon similaire, avec des tables brutes et des murs blanchis à la chaux. A l'arrière, on trouve une pièce au plafond en stuc et aux murs lambrissés qui, au moment où nous écrivons ces lignes, devait être transformée en nouvelle salle à manger. Le menu, en plusieurs langues, propose un superbe choix de sandwichs gargantuesques, de salades, de gâteaux et de boissons (avec quelques plats végétariens). Service amical et efficace, comme dans l'établissement de Bruges. Pas de cartes de crédit.

Jan Breydel ✿✿✿ *Jan Breydelstraat 10, 9000 Gand; tél. (09) 225 62 87.* En explorant la ville, vous ne manquerez pas de passer à plusieurs reprises devant ce restaurant situé bien en vue, au coin d'une rue très fréquentée. Donnant sur le minuscule Appelbrug Parkje (un petit jardin de square) et sur les berges du canal, il offre une belle vue. Le poisson, qui peut être accommodé au champagne, domine largement le menu. Cet endroit élégant est parfait pour se faire plaisir. Principales cartes de crédit.

La Malcontenta ✿✿ *Haringsteeg 9, 9000 Gand; tél. (09) 224 18 01.* Ce restaurant situé dans le quartier de Patershol sert des spécialités des îles Canaries. Vous pourrez y manger une grande variété de poissons et de la paella; c'est assurément un endroit idéal si vous avez envie de vous éloigner de la cuisine flamande et d'essayer des plats plus exotiques. Le premier menu commence à 1000 FB. De plus, les végétariens y découvriront une importante sélection de plats à base de poisson. N'accepte pas la carte American Express.

Oranjerie (Patershol) ✿✿ *Cordowaniersstraat 8, 9000 Gand; tél. (09) 224 10 08, fax. (09) 233 54 61.* Cet agréable restaurant est vraiment à son avantage pendant la journée. L'escalier métallique et la décoration jaune et blanche vous invitent à jeter un œil intéressé à la nourriture. Le restaurant offre principalement des plats de viande et de poisson régionaux. Vous entendrez les employés s'affairer dans la cuisine pour vous préparer un bon repas. Vous ne serez pas déçu! Principales cartes de crédit.

Panda ✿✿ *Oudburg 38, 9000 Gand; tél. (09) 225 07 86.* Ce restaurant, situé au bout d'une petite arcade et à côté d'un magasin de produits diététiques portant le même nom, sert une cuisine végétarienne et complète et du poisson. La nourriture est bonne et le service amical, mais la salle à manger est curieusement affublée d'un décor en plastique vert d'eau et bleu. Visa uniquement.

Patiron ✿ *Sluizeken 30, 9000 Gand; tél. (09) 233 45 87, fax. (09) 233 50 70.* A l'heure où nous écrivions ce guide, le propriétaire était à la recherche d'un établissement plus spacieux; si ce café quitte donc prochainement Patershol, tâchez d'en trouver la nouvelle adresse. Il s'agit d'un petit restaurant tout simple comprenant cinq ou six tables, aux murs blanchis à la chaux. Vous aurez le choix entre d'appétissants pains, de délicieux gâteaux et une grande variété de quiches. Tout est confectionné sur place, y compris les soupes, généreuses, et le merveilleux tiramisu. Ouvert toute la journée pour les en-cas et des repas; le service est très amical. Excellents plats végétariens. Pas de cartes de crédit.

Raadskelder ✿ *Botermarkt 18, 9000 Gand; tél. (09) 225 43 34, fax (09) 224 05 89.* Ce vaste bar-restaurant, situé dans une cave voûtée sous le Beffroi, dispose d'innombrables rangées de tables et mériterait d'être mieux connu pour son emplacement historique. L'établissement est souvent calme, ce qui vous donne alors l'impression de manger dans un mausolée; cet endroit est plutôt prévu pour accueillir beaucoup de monde, alors allez-y lorsqu'il est bondé. Il propose toutes sortes de menus régionaux et touristiques, et son emplacement en fait un excellent endroit pour le déjeuner. Le soir, les lampes éclairent joliment la pièce et accentuent son agréable atmosphère médiévale. Principales cartes de crédit.

St Jorishof-Cour St Georges ✿✿✿ *Botermarkt 2, 9000 Gand; tél. (09) 224 24 24, fax (09) 224 26 40.* Ce restaurant traditionnel flamand, populaire et attrayant, est installé dans le bâtiment historique de Sint-Jorishof. L'immense salle et la galerie, située sur le devant, semblent toujours remplies; il est recommandé de réserver. Parmi les spécialités, goûtez au saumon à la sauce d'asperge, au turbot grillé, aux salades d'artichauts et aux médaillons d'agneau. Nombre de plats sont à supplément, aussi lisez la carte avec attention. Ce restaurant organise des événements spéciaux et propose régulièrement un brunch le dimanche. C'est un établissement que nous vous recommandons fortement. Principales cartes de crédit.

't Klaverblad ✿✿✿ *Cordowaniersstraat 61, 9000 Gand; tél. (09) 225 61 17.* Alors que la plupart des restaurants voisins offrent de la musique et de la cuisine «thématique» bon marché, cet établissement est effrontément gastronomique et cher. Décoré et meublé dans un style minimaliste, il sert des plats de poisson et de viande préparés par le patron dans la tradition flamande et accompagnés de grands vins. Un restaurant réservé aux gourmets ayant de l'appétit. Il devrait prochainement s'agrandir et pourrait même changer d'adresse. Principales cartes de crédit.

Unicorn ✿✿ *Sint-Michielsplein 14, 9000 Gand; tél. (09) 233 79 95.* Rendez-vous tôt dans ce petit café-restaurant si vous voulez obtenir la table près de la fenêtre, toujours très convoitée. Meublé avec simplicité et décoré d'images de licorne, cet établissement accueillant sert de fantastiques (et gigantesques) petits déjeuners tout au long de la journée, ainsi que d'excellents repas et en-cas. Si vous êtes végétarien, ne manquez pas le couscous aux légumes, le meilleur de la ville. Vous pouvez voir ce qui se passe à la cuisine et les serveurs sont très attentifs. Principales cartes de crédit.

Vier Tafels ✿✿ *Plotersgracht 6, 9000 Gand; tél. (09) 225 05 25, fax (09) 224 18 51.* Situé dans une des rues tortueuses et discrètes du quartier florissant de Patershol, ce restaurant n'avait que quatre tables à son ouverture (d'où son nom). Il s'est aujourd'hui bien agrandi et propose une ambitieuse carte contenant des plats du monde entier – depuis les currys du Sri Lanka aux plats de haricots du Mexique, en passant par des spécialités végétariennes. En général, la nourriture y est excellente. Attention: certains plats sont très pimentés! Principales cartes de crédit.

A PROPOS DE BERLITZ

En 1878, le professeur Maximilian Berlitz eut l'idée révolutionnaire de faire de l'apprentissage d'une langue une expérience agréable et à la portée de tous. Cent vingt ans plus tard, cette même approche opère toujours avec succès.

Pour des cours de langues, des services de traduction et d'interprétation, un enseignement multiculturel, des programmes d'études à l'étranger et tout un éventail de produits et services, rejoignez l'un des 350 centres Berlitz répartis dans plus de 40 pays. Consultez votre annuaire téléphonique pour connaître l'adresse du centre Berlitz le plus proche de chez vous.

Aidons le monde à communiquer